生徒が輝く！

通知表の書き方&所見文例集

中学校3年

玉置 崇【編著】

明治図書

　2021年４月、中学校で新しい学習指導要領が全面実施されました。学習指導要領の中で、生徒に育成すべき資質・能力が明確にされ、それに呼応する形で「3観点の学習評価」が示されました。

　生徒や保護者が学習評価を一番意識するのは、なんといっても通知表です。保護者は、通知表から自分の子どもが学校でどのような状況なのかを捉えます。時には学級担任や教科担任に質問や相談をすることもあるでしょう。このように、説明責任を強く求められる時代ですから、これまで以上に望ましい学習評価、通知表所見の在り方を追究する必要があります。

　本書は、そのために最適な書籍です。第1部では、新しい学習評価と通知表の作成のポイントをまとめました。第2部では、「生活」「学習」「特別活動」「特別なニーズがある生徒」の4章構成で、下記のような意図をもって文例を集めました。

●生徒の努力や長所を認める文例だけでなく、欠点や短所を踏まえつつ、前向きに表現した「生徒を励ます文例」も示す（生活）
●観点別学習状況評価との齟齬が生じないように、新しい3つの観点別に◎／○／△の3段階で文例を示す（学習）
●保護者に生徒の活躍ぶりがより明確に伝わるように、具体的な場面や描写を工夫した文例を示す（特別活動）
●生徒の特性や苦手さに配慮し、保護者に指導の様子なども伝わるように工夫した文例を示す（特別なニーズがある生徒）

　なお、巻末付録として、日常の言葉がけにも活用できる「ネガポジ言い換え一覧」を掲載しました。

　本書は、まさに学校現場の現実を踏まえた「通知表作成のためのバイブル」と言ってもよい書籍です。

　2021年5月

　　　　　　　　　　　　　　　　　　　　　　　　　　玉置　崇

もくじ
CONTENTS

はじめに

第1部
新しい学習評価と
通知表作成のポイント

第2部
通知表の所見文例

第1章
ネガ→ポジ変換つき
生活にかかわる所見文例

第2章
観点・段階別
学習にかかわる所見文例

第3章
生徒の活躍がよく伝わる
特別活動にかかわる所見文例

第4章
特別なニーズがある生徒のための所見文例

付録
ネガポジ言い換え一覧

第1部
新しい学習評価と
通知表作成のポイント

1　3観点の　　新しい学習評価

1　新しい学習指導要領と3つの観点

　平成29年（2017年）3月に改訂された中学校学習指導要領は、令和3年（2021年）4月より全面実施となりました。学習指導要領の改訂に伴い、学習評価の在り方も変更されました。ここでは、最初に文部科学省から出された「児童生徒の学習評価の在り方について（報告）の概要」（以下「概要」）から、注目しておくべき事柄をまとめておきます。

　観点別学習状況評価（以下「観点別評価」）の改善について

　　今回の学習指導要領改訂では各教科等の目標や内容を「知識及び技能」、「思考力、判断力、表現力等」、「学びに向かう力・人間性等」の資質・能力の三つの柱で再整理したことを踏まえ、観点別評価についても、これらの資質・能力に関わる「知識・技能」、「思考・判断・表現」、「主体的に学習に取り組む態度」の三観点について、学習指導要領に示す目標に準拠した評価として三段階（ＡＢＣ）により実施する。

　資質・能力が3つの柱で整理されたことから、観点別評価を変更することと示されています。新学習指導要領が周知される際によく登場した次ページの図（文部科学省）に示されていた資質・能力という文言を思い出す方は多いでしょう。図の上部に記された「新しい時代に必要となる資質・能力の育成と、学習評価の充実」にも注目してください。資質・能力の育成は、学習評価の充実によって成り立つものであると読み取れます。

学習指導要領改訂の考え方

新しい時代に必要となる資質・能力の育成と、学習評価の充実

学びを人生や社会に生かそうとする
学びに向かう力・人間性等の涵養

生きて働く**知識・技能**の習得 ― 未知の状況にも対応できる
思考力・判断力・表現力等の育成

何ができるようになるか

よりよい学校教育を通じてよりよい社会を創るという目標を共有し、
社会と連携・協働しながら、未来の創り手となるために必要な資質・能力を育む
「社会に開かれた教育課程」の実現
各学校における「**カリキュラム・マネジメント**」の実現

何を学ぶか

**新しい時代に必要となる資質・能力を踏まえた
教科・科目等の新設や目標・内容の見直し**

小学校の外国語教育の教科化、高校の新科目「公共」の
新設など
各教科等で育む資質・能力を明確化し、目標や内容を構造
的に示す
学習内容の削減は行わない※

どのように学ぶか

**主体的・対話的で深い学び（「アクティブ・
ラーニング」）の視点からの学習過程の改善**

生きて働く知識・技能の習
得など、新しい時代に求
められる資質・能力を育成

知識の量を削減せず、質
の高い理解を図るための
学習過程の質的改善

主体的な学び
対話的な学び
深い学び

※高校教育については、従来は事実的知識の暗記が大学入学者選抜で問われることが課題になっており、
そうした点を克服するため、重要用語の整理等を含めた高大接続改革等を進める。

　この図でも示されているように、「生きて働く**知識・技能**の習得」「未知の
状況にも対応できる**思考力・判断力・表現力**等の育成」「学びを人生や社会
に生かそうとする**学びに向かう力・人間性等**の涵養」の三本柱があり、それ
が学習評価の３観点と連動しているのです。

　注意深い方は、「人間性」も３観点に入るのかと疑問に思うことでしょう。
このことについて、平成28年の中教審答申には次のように書かれています。

　「学びに向かう力・人間性」には①「主体的に学習に取り組む態度」と
して観点別評価（学習状況を分析的に捉える）を通じて見取ることができ
る部分と、②観点別評価や評定にはなじまず、こうした評価では示しきれ
ないことから個人内評価（個人のよい点や可能性、進歩の状況について評
価する）を通じて見取る部分があることに留意する必要がある。

　つまり、感性、思いやりなどの人間性は、個人内評価として見取ることと
し、３観点の中には入っていないのです。

2 「知識・技能」の評価

　これまでは「知識・理解」「技能」としていた観点が、「知識・技能」となりました。重視すべき事柄は同様で、これまでと大きく異なることはありません。前掲の「概要」には、次のように示されています。

　　「知識・技能」の評価は、各教科等における学習の過程を通した個別の知識及び技能の習得状況について評価を行うとともに、それらを既有の知識及び技能と関連付けたり活用したりする中で、概念等として理解したり、技能を習得したりしているかについて評価する。このような考え方は、現行の「知識・理解」、「技能」の観点別評価においても重視してきたところ。

　これを受けて「知識・技能」の評価方法を考えると、単元テストや定期テストなどのペーパーテストの工夫が重要になります。個々の知識や技能がどれほど身についているかを把握できるテストかどうか、検討することです。

　例えば、知識を問うとしても、同様のことばかりを確認する問題になっていないでしょうか。数学で例を示すと、文字式の計算において、適切に（　）を外して式を整理させる問題ばかり出題するといったことです。これは、この問題を通してどういう知識の定着を確かめるのかを明確にせずにテストを作成した例です。

　「知識・技能」を問うペーパーテストにおいても、知識や技能を用いて説明しなくてはならない場面を設けることも大切です。逆に、このようなことをペーパーテストで問うとすれば、どのような授業をしなければならないかを考えることにもなります。これが、いわゆる「指導と評価の一体化」と言われることです。

3 「思考・判断・表現」の評価

　各教科等の知識及び技能を活用して課題を解決する等のために必要な思考

力、判断力、表現力を身につけているかどうかを評価します。なお、「知識及び技能を活用して課題を解決する」という過程について、前出の中教審答申では、次の３つの過程があると示しています。

・物事の中から問題を見いだし、その問題を定義し解決の方向性を決定し、解決方法を探して計画を立て、結果を予測しながら実行し、振り返って次の問題発見・解決につなげていく過程
・精査した情報を基に自分の考えを形成し、文章や発話によって表現したり、目的や場面、状況等に応じて互いの考えを適切に伝え合い、多様な考えを理解したり、集団としての考えを形成したりしていく過程
・思いや考えを基に構想し、意味や価値を創造していく過程

これを読むと、授業において意識して評価することの重要性を感じられるのではないでしょうか。

例えば、「物事の中から問題を見いだす」ことができているかどうかをペーパーテストで評価することはなかなかできません。したがって、授業で「これらの事実からどのようなことを考えていくとよいと思いますか？」といった発問をして、その反応を見るなど、「思考・判断・表現」を意図的に捉えることが必要です。

文部科学省の報告書では、論述やレポート、発表、グループでの話し合い、作品の制作や表現等の多様な活動を取り入れたり、それらを集めたポートフォリオを活用したりするなど、各教科等の特質に応じて評価方法を工夫することが示されています。

4 「主体的に学習に取り組む態度」の評価

「主体的に学習に取り組む態度」の評価について、「児童生徒の学習評価の在り方について（報告）」では、かなりの紙幅を割いて説明しています。

次はその一部です。

「主体的に学習に取り組む態度」の評価に際しては、単に継続的な行動

や積極的な発言等を行うなど、性格や行動面の傾向を評価するということではなく、知識及び技能を獲得したり、思考力、判断力、表現力等を身に付けたりするために、自らの学習状況を把握し、学習の進め方について試行錯誤するなど自らの学習を調整しながら、学ぼうとしているかどうかという意思的な側面を評価することが重要である。現行の「関心・意欲・態度」の評価も、各教科等の学習内容に関心をもつことのみならず、よりよく学ぼうとする意欲をもって学習に取り組む態度を評価することを本来の趣旨としており、この点を改めて強調するものである。

これまでの「関心・意欲・態度」と本来の趣旨は同様であると明記されていることに注目しましょう。そのうえで、「関心・意欲・態度」の評価方法の課題を踏まえて、次のように示されています。

「主体的に学習に取り組む態度」については、挙手の回数やノートの取り方などの形式的な活動ではなく、児童生徒が「子供たちが自ら学習の目標を持ち、進め方を見直しながら学習を進め、その過程を評価して新たな学習につなげるといった、学習に関する自己調整を行いながら、粘り強く知識・技能を獲得したり思考・判断・表現しようとしたりしているかどうかという、意思的な側面を捉えて評価することが求められる」とされている。

また、答申において、「このことは現行の『関心・意欲・態度』の観点についても同じ趣旨であるが」、上述のような「誤解が払拭しきれていないのではないか、という問題点が長年指摘され現在に至ることから、『関心・意欲・態度』を改め『主体的に学習に取り組む態度』としたものである」と指摘されている。

挙手の回数やノートの取り方などの形式的な活動で評価するのではなく、学習に関する自己調整を行い、粘り強く学習に取り組む意思的な側面を捉えることが、主体的に学習に取り組む態度の評価として重要であると述べられています。

では、学習に関する自己調整をしているかどうかは、どのように捉えれば

よいのでしょうか。

　簡単に言えば、生徒に授業の「振り返り」をさせることを習慣化することが方法の１つです。「生徒による自己評価」という文言がありますが、授業のたびに、自身の今日の学びを振り返ることで自己調整能力は高まります。

　例えば、「○○さんの意見でわからなかったことがはっきりわかってよかった。いつも思うけど、友だちの意見は大切です」といった記述があれば、級友から学ぶことの大切さを感じているわけで、これからも進んで友だちの考えに耳を傾けようという意識があると読み取ることができます。

　「なぜ、そんなことが起こったのか、考えれば考えるほどわからなくなってきた。次の授業でも考えたい」と書いた生徒がいれば、まさに次の授業のねらいが生徒から出されたわけで、大いに評価すべきです。

　このようなことから、「主体的に学習に取り組む態度」の評価は、生徒自らの振り返りを基に評価することが日常的にできる方法だと言えます。

5　「記録」としての評価の留意点

　ここまで示した３観点の評価方法を読んで、多忙な業務の中ではとても継続できないという印象をもたれた方もいることでしょう。このことについては、「概要」で、日々の授業での評価を積み上げるのではなく、長期的な視点をもつことが示されているので付記します。

　　毎回の授業で全ての観点を評価するのではなく、原則として単元や題材等のまとまりごとに、それぞれの実現状況が把握できる段階で評価を行うこととするが、学習指導要領に定められた各教科等の目標や内容の特質に照らしては、複数の単元や題材にわたって長期的な視点で評価することを可能とすることも考えられる。

2　通知表作成の　ポイント

1　学習の記録の評価のポイント

　学習の記録の評価は、「1　3観点の新しい学習評価」で述べてきたように、3つの観点の主旨を十分に踏まえて行います。

　とりわけ中学校においては、同教科教員の話し合いが重要です。学校によっては、新任やはじめて中学校勤務となった教員がいることが考えられます。こうした教員は、中学校における評価について大きな不安を抱えています。

　したがって、「評価のものさしを教科間でそろえる」ことが大切です。例えば、定期テストや単元テストの内容検討の際に、「『知識・技能』を評価する問題群として適切かどうか」「この問題群であれば、どれほどの点数でどのような評価とするか（例えば、40点満点中30点でAとする、など）」といったことを事前に協議しておくことが大切です。実はこうした話し合いこそ、適切な評価観をもつことに役立ちます。なお、音楽科や美術科などでは、その学校に同教科の教員がいない場合があります。そのときも、だれかに「このような評価の仕方をします」と説明を聞いてもらい、保護者の視点も踏まえて助言を受けるとよいでしょう。

　また、あまりにも形式的に評価方法を決めないことも重要です。定期テストで90点以上の点数を取った生徒の「知識・理解」の観点評価を「B」とした若い教員がいました。その理由を尋ねたところ、学習当初の小テストの点数が低く、それが影響したとのことでした。点数を累積して評価したわけで

すが、最終テストの「知識・理解」は満点なのですから、「Ａ」評価にするべきです。これは累積型評価のマイナス面が垣間見えるケースです。

2　行動の記録の評価のポイント

　行動の記録の評価は、「生徒の行動の様子について、長所を中心に分析的かつ総合的に捉え、これからの指導に生かし、生徒自らがよさや可能性に気づき積極的に伸ばしていくようにするためのものである」という主旨に鑑みて、多様な場面から生徒のよさを発見しようとする姿勢が必要です。

　評価は事実を基に行います。保護者から「我が子の『責任感』を『十分満足できる』と評価していただきありがとうございます。先生はどのようなことでそのように評価してくださったのでしょうか？」といった質問があっても不思議ではありません。その際に、「こうした事実がありましたので…」と伝えられなくてはいけません。

　そのためには、一人ひとりについてメモしておくことが大切です。私はノートを活用してきました。ノートの見開きの左上隅に生徒名を書きます。あとは気づいたときに簡単なメモ（期日、事実）をしておくだけです。ポイントは、生徒ごとに見開き２ページを厳守することです。すると、１か月経っても何もメモがない生徒がわかり、その生徒を意識して見ることができるようになります。

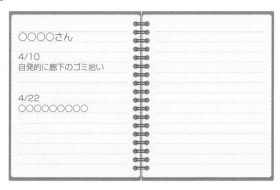

3 記述による評価のポイント

　記述による評価の１つとして、「特別の教科　道徳」があります。

　学習活動における生徒の学習状況や道徳性に係る成長の様子を個人内評価として文章で端的に記述することになっています。

　評価のポイントとして、次の２点があります。

・個々の内容項目ごとではなく、年間や学期にわたって生徒がどれだけ成長したかという、大くくりなまとまりを踏まえた評価を行う。

・他者との比較ではなく、生徒一人ひとりがいかに成長したかを認めて励ます、個人内評価を行う。

　例えば、次のような記述が望ましいと言えます。

○自分の立場と相手の立場を比べるなど、様々な角度からものごとを捉えて考えようとしていました。

　　→一面的な見方から多面的・多角的な見方へと発展させたことを評価しています。

○読み物教材の登場人物を自分に置き換えて考え、現在の自分自身を振り返り、自らの行動や考えを見直していました。

　　→自分自身との関わりの中で、道徳的価値の理解を深めていることを評価しています。

　次に「総合的な学習の時間」があります。

　実施した学習活動及び各学校が自ら定めた評価の観点を記入し、それらの観点のうち、生徒の学習状況に顕著な事項がある場合などにその特徴を記述します。つまり、生徒にどのような力が身についたのかを、文章で端的に記述するのです。

　「総合的な学習の時間」の記録の欄は、次のように記述することが望ましいとされています。

○学習活動

　実施した学習活動のうち、生徒の学習や成長に影響を与えたと思われる活動を取り上げ、簡潔に記述する。

○観点

　各学校が定めた観点を記述する。

○評価

　観点のうち、生徒の学習状況に顕著な事項がある場合などにその特徴を記述する等、生徒にどのような力が身についたかを文章で端的に記述する。

　なお、「総合的な学習の時間」の評価の観点については、国立教育政策研究所の『「指導と評価の一体化」のための学習評価に関する参考資料』（中学校、総合的な学習の時間）において、次のように述べられています。

　　各学校において定める内容について、今回の改訂では新たに、「目標を実現するにふさわしい探究課題」、「探究課題の解決を通して育成を目指す具体的な資質・能力」の二つを定めることが示された。

　　（中略）このように、各学校において定める目標と内容には、三つの柱に沿った資質・能力が明示されることになる。

　　したがって、資質・能力の三つの柱で再整理した新学習指導要領の下での指導と評価の一体化を推進するためにも、評価の観点についてこれらの資質・能力に関わる「知識・技能」、「思考・判断・表現」、「主体的に学習に取り組む態度」の３観点に整理し示したところである。

　以上のことから、例えば「コンビニでの調査結果のまとめ方が秀逸だった」（知識・技能）、「探究活動を通して課題をより世の中の状況を踏まえたものに変化させた」（思考・判断・表現）といった、生徒の資質・能力の高まりをわかりやすく記述するとよいでしょう。

4　総合所見作成のポイント

　総合所見で一番配慮すべきことは、所見を読んだ保護者や生徒が「がんば

ろう」という気持ちをもてるようにすることです。

　その生徒の今後の課題も提示したいところですが、文字数が限られているので、多くを伝えることは難しいでしょう。所見を読み直し、課題だけが書かれた所見になっていないかを点検する必要があります。課題については、懇談会の折などに口頭で丁寧に伝えた方が、真意が伝わります。

　所見を基に保護者が生徒とやりとりをすることを想像して書きましょう。

　例えば、「ここに書いてある『責任感をいつも発揮している』って、先生はどんな場面のことを言っているの？」と保護者が生徒に聞いたとします。それに対して、生徒が「先生がどこを見てそう言っているのか、私もよくわからない…」と返答するようであれば、せっかくの所見が無意味なものになってしまいます。

　このようなことが生じる要因としては、所見を書く時期になってからはじめてその生徒を意識して書いたことが考えられます。教師から「あなたは責任感があっていいね」などと声をかけられていないと、生徒は「所見に記されているのはあのときのことだ」とは想起できないものです。

　中学校では、各教科の担当教師から生徒の状況について聞いておくと、所見に記述できることがあります。とはいえ、教科担当に負担をかけてはいけません。生徒名簿を渡して、「授業で先生が気づいた生徒のよいところを単語でよいので書いていただけませんか。もちろんすべての生徒について書いていただく必要はありません。後で具体的にお聞きすることがあるかもしれません。どうぞよろしくお願いいたします」といった程度の依頼をして情報を集めておくとよいでしょう。懇談会での話題にもできます。

第2部
通知表の所見文例

第1章
ネガ→ポジ変換つき
生活にかかわる所見文例

　本章では、生徒の学校生活全般にかかわる所見文例を紹介します。

　文例は、指導要録の「行動の記録」で示されている10項目に分類してあり、さらに、それぞれ「○努力や長所を認める文例」と「△生徒を励ます文例」の２タイプに分かれています。「生徒を励ます文例」は、欠点や短所を指摘するだけの所見にならないようにするために、ネガティブ表現をポジティブ表現に変換する形で示してあります。

基本的な生活習慣

○あいさつが積極的にできる生徒

　だれに対しても、笑顔で元気よく「おはようございます」とさわやかなあいさつができます。特に、下級生にも自分からあいさつができる姿に感心しています。下級生からも、そのさわやかさから憧れの先輩として慕われています。

○目標をもって生活できている生徒

　3年生になった自覚が、学習面だけでなく生活面でも随所に見られます。生活ノートには進路を意識した1日の反省がきちんと書かれていて感心しています。自分を高めようと努力するときが一番成長します。さらに成長した姿を期待しています。

○時間を大切にする行動ができる生徒

　授業の準備や様々な活動に対する行動が実にきびきびしています。大切な時間を守り、より有意義な学びをしようとする意識が身についています。小さな努力が、進路に向けて取り組む大きな力になるに違いありません。

○計画的に取り組むことができる生徒

　生活ノートの記述から、生活全般において、どのような意識をもって努力しているかがよくわかります。学習面では苦手な教科を克服するノウハウを身につけた今学期でした。今の状況が継続できるとより大きな力になります。

○掃除に誠実に取り組んでいる生徒

　掃除の時間には、黙々と分担場所の隅々まで美しく磨き上げる姿に感心しました。膝をつき、額に汗して雑巾がけをする姿は、本気で美しくしようとする意欲の表れです。目立たないことに一生懸命汗する姿は本当に美しいです。

○リーダーとして活躍した生徒

　体育大会では、学級対抗リレーで優勝するため、走順を工夫したり、放課後にバトンパスの練習を提案したりするなど、リーダーとして活躍しました。クラスが優勝を勝ちとれたのは、○○さんのこの地道な努力のおかげです。

○言葉づかいが丁寧な生徒

　いつも相手意識を忘れず、丁寧な言葉づかいを心がけることができました。先生や先輩など目上の人に対する敬語が的確で、友だちに対してもいつも優しく温かい言葉を選んで接している姿が大変すばらしいです。

○授業のあいさつがきちんとできる生徒

　授業のはじめとおわりのあいさつでは、率先してさわやかで大きな声を出し、やる気を教室にあふれさせていました。そのあいさつに、「授業は受けるものではなく、自らつくり出すものである」という意識が表れていました。

○学級の取組に積極的に参加する生徒

　学級で決めたことに対しては、率先して行動するだけでなく、仲間を巻き込んで一緒にがんばろうとする姿に感心しました。積極的に呼びかけ、率先して行動する姿は、学級のリーダーとしての存在感につながっています。

○身の回りの整理整頓ができる生徒

　机やロッカーの整理整頓がしっかりできているので、次の授業の準備や教室移動など、生活の中での切り替えが素早くできます。これからもめりはりのある行動を継続していってほしいと願っています。

○身だしなみが整っている生徒

　ハンカチとティッシュをいつも忘れずに携帯することができました。また、爪をいつもきれいに切りそろえ、制服を清潔に着こなす姿は、学級の仲間のよい手本になっています。生活の基本を大事にする姿勢は立派です。

○当番活動がきちんとできる生徒

　給食の時間は、みんなが敬遠する重い食缶を運んだり、汚れやすいメニューの配膳や片づけを行ったりするなど、率先して働く姿が輝いていました。労をいとわず働く姿勢は、社会に出たときにも○○さんの強みになるに違いありません。

○3年間1日も休まずに登校した生徒

　中学校3年間を通じて1日も休まずに登校しました。ご両親からいただいた健康な体はもとより、健康を維持するための生活が習慣化されていることの表れです。健康は○○さんの大切な宝です。これからもよりよい生活をつくり出してください。

○感謝の清掃に汗する生徒

　3年間使い続けた机の汚れを、洗剤をつけ一生懸命掃除する姿に、○○さんの3年間の成長を見る思いでした。毎朝通学路のゴミを拾いながら登校していることも知っています。人間としての軸をきちんとつくった中学校生活になりました。

△何事にも自信がもてず、消極的な生徒

ネガティブ

　進路決定の大切な１年ですが、何事にも消極的で、やる気が感じられないことが多くありました。授業中もよく居眠りをしています。もっと積極的にならないと、進路は実現できません。がんばりましょう。

ポジティブ

　心を込めて花を育てたり、教室の隅々まで美しく磨き上げたりするなど、**コツコツ取り組むことができるのが○○さんのよさです。このよさの先にある自分像をもっともっと具体的に描いていきましょう。**勉強はその夢の実現のためにあります。応援しています。

　進路に向けて学級が動き出すと、自信のない生徒はよりやる気をなくすことがあります。そんなときは、その生徒のよさを具体的に書くこと、そのよさの発揮が未来につながることを所見に書くことが励ましになります。通知表の所見は、学びの結果だけでなく、励ましのための手紙であるという意識で書くことが大切です。

△進路のことで頭がいっぱいで学級での役割に手を抜きがちな生徒

ネガティブ

　自分の進路のことばかりが気になり、仲間のために汗したり、一緒に解決したりすることに手を抜きがちでした。集団生活は、個々の努力が集まって成り立ちます。面倒でも、そういったこともがんばらなければ真に成長はできません。

ポジティブ

　自分の進路実現のために一生懸命打ち込む姿に感心しています。**今は自分のことに集中したい気持ちもわかりますが、仲間と悩みを語り合ったり、助け合ったりすることで、○○さん自身にも、より困難を乗り越える力がつきます。**まずは授業での学び合いから始めてみましょう。○○さんの活躍に期待しています。

　３年生になると、自分の進路に対する不安から、仲間のために汗することを敬遠しがちになる生徒がいます。しかし、この時期だからこそ、助け合うことの大切さを学ばせたいところです。通知表では、生徒の気持ちに理解を示しつつ、かかわり合うことのよさを書き、仲間とともに成長することを意識できるようにすることが大切です。

△家庭学習の習慣が身についていない生徒

ネガティブ

授業中の集中力に欠けるだけでなく、家庭学習の習慣が身についていないため、学力がなかなか高まりません。今後は毎日最低３時間は机に向かって学習しないと、希望の進路を勝ちとることは難しいでしょう。コツコツがんばりましょう。

ポジティブ

得意な教科の学習ではよい姿がたくさん見られましたが、苦手な教科の学習に少し苦戦した１学期でもありました。**家庭学習では、①得意な教科、②苦手な教科の簡単なドリル、③苦手な教科の文章題というように、ユニットに分けて取り組むのが効果的です。**まずは「できる」という自信を増やしましょう。

進路が現実的な問題になってくると、不安が先走り、何から手をつければよいかわからないという生徒が少なくありません。特に、家庭学習の習慣が身についていない生徒には、具体的な方法を示し、意欲的に取り組むことができるように助言することが大切です。教科により学び方は変わってくるので、生徒の得意、苦手を踏まえて指導しましょう。

△計画性がない生徒

ネガティブ

教室のロッカーや机の中の整理整頓ができていないことが多いことに加え、忘れ物も多く、だらしないため、仲間から信頼されていません。身の回りの整理整頓を心がけ、計画性のある行動をして、みんなから信頼されるようにがんばりましょう。

ポジティブ

ユーモアがあり、学級のみんなをいつも楽しませてくれます。ただ、目の前のことに夢中になるあまり、今やらなければならないことがおざなりになることがあるのは少し残念です。**小さな振り返りを意識して、計画的に生活できるように挑戦してみましょう。**

楽しいことに夢中になれることはよさであり、そのよさが仲間を和ませるからこそ、より仲間から信頼される自分づくりをしていくように方向づけて所見を書きます。とりわけ、「小さな振り返り」を意識することは、自分の弱点を無理なく長所に変えるきっかけとなるので、この方法を示しています。

○健康的な生活を心がけている生徒

生活ノートの記述から、家庭でも計画的に時間を使い、健康的な生活を心がけていることがよくわかります。11時に寝るのに4時間の家庭学習を確保できているのは時間の使い方が効率的であるからです。この効率が集中力にもつながっています。

○部活動と学習の両立ができている生徒

朝練を含め、大好きな部活動に熱中しながらも、授業への集中を切らさない姿勢は見事です。基礎体力がきちんとついているだけでなく、学習と部活動への気持ちの切り替えができています。この心の安定感は必ず進路実現の大きな強みになります。

○給食をしっかり食べることができる生徒

元気で活動的な○○さんらしく、給食の時間にはおかわりのじゃんけんに参加しています。食べっぷりがよいのは、体だけでなく心が健康であることの証です。これからも、○○さんのパワーを教室に振りまいてください。

○生活習慣病への関心が高い生徒

多くの病気が、生活習慣の乱れに起因することを学んでからは、給食の好き嫌いや早寝・早起きなど健康に対する構えが変わってきています。休日にはランニングもしていると聞きました。受験に向けて一層体力が必要です。継続してがんばりましょう。

○感染症の予防に取り組んでいる生徒

感染症予防のため、手洗い・うがい・手指消毒などに、自ら取り組むことができています。トイレだけでなく教室移動の後にも手洗いを徹底する姿は、みんなの模範となっています。健康に対する意識が高いからこそできる行動です。

○換気を呼びかけている生徒

休み時間には率先して窓を開け、教室の換気に気を配ることができました。寒い日にも「みんなが病気になったら大変だよ！」と明るく呼びかける姿に感心しています。さわやかな呼びかけでみんなを心地よくしてくれる、学級の健康リーダーです。

○だれにでもさわやかなあいさつができる生徒

朝だけでなく、廊下ですれ違う先生や仲間にもさわやかな会釈やあいさつができています。心が開かれている証拠です。人とのかかわりはこのあいさつから始まります。自然なあいさつは、○○さんの人柄を表す大きな強みになると思います。

○自ら体力づくりに取り組んでいる生徒

部活動を引退してからも、早起きをして20分間近いマラソンを継続するなど、自ら健康な体づくりに努めている姿に感心します。受験に向けて、健康であることがさらに大切になってきます。無理のない範囲でぜひ続けてください。

○何事もポジティブに考えることができる生徒

ポジティブシンキングを意識し、うまくいかないことがあっても「大丈夫」と気持ちを切り替え、落ち込まないで解決方法を探す姿にいつも感心しています。心が安定している証拠です。

○休み時間に運動場で積極的に体を動かす生徒

休み時間には、運動場に出て仲間と体を動かす姿をよく見かけました。部活動が終わった今、短い時間でできる運動は大切なリフレッシュの機会です。健康な状態で受験に立ち向かえるよう、これからもぜひ継続してください。

○気温に合わせた着こなしができる生徒

気温に合わせて上着を脱ぎ着したり、重ね着の仕方を工夫したりするなど、健康を心がけています。こうした気づかいができることこそ健康な心をもっている証拠です。人生100年時代の第一歩です。

○ストレス解消の方法を工夫して生活できる生徒

「川岸に立って大声で叫びます」とユニークなストレス解消法をみんなに披露してくれました。常に前向きに自分の心を健康に保つ力があると感じています。学校生活も笑顔で送ることができているのはそのためですね。

○環境に気配りができる生徒

落ちているごみを進んで拾ったり、机の乱れを直したりするなど、学びの環境としての教室づくりへの気配りができます。整った環境でこそ、落ち着いた学習ができることを知っているのですね。○○さんの心も美しく整っているのだと思います。

○学級全体の健康に気配りができる生徒

休み時間の教室の窓開けを積極的に呼びかけました。健康に対する意識の高さを感じます。寒い日にも「みんなの健康のためなので協力してください」と言い切る姿はさすがでした。健康のリーダーです。

生活

学習

特別活動

特別なニーズ

△ネガティブ思考の生徒

ネガティブ

何事に対しても自信がもてず、仲間に否定されることを恐れて、みんなの前でなかなか発言することができません。しかし、勇気を出して仲間に働きかけないと、道は開けません。心を開いて仲間とかかわれるように勇気を出しましょう。

ポジティブ

何事にもしっかりと自分の考えをもっています。その考えを仲間に伝えることに少し不安があるようですが、**授業のノートや生活記録にきちんと書いてある自分の考えをそのまま伝えれば十分です。**まずは、この「書いたことをそのまま伝える」ということに挑戦してみてください。次学期の〇〇さんの活躍に期待しています。

仲間に否定されることを恐れてなかなか発言ができない生徒は、自分の考えを不十分なものと捉えがちです。したがって、まずはしっかりとした考えをもてていることを伝えます。そのうえで、書いてあることをそのまま伝えるので十分であると伝え、少しずつできるようにしていくことが大切です。

△食事が偏っている生徒

ネガティブ

朝食抜きで登校するだけでなく、給食では好き嫌いが多く、嫌いなおかずは友だちにあげてしまうことが多くありました。好き嫌いなく食べることは食事の基本です。受験に向けて、健康な体をつくれるよう偏食をなくしましょう。

ポジティブ

給食が中学生に必要な栄養バランスを考えてつくられていることを知り、**給食に対する意識が変わってきています。**受験に向けて体調を崩さないようにするためにも、朝食を摂り、給食も好き嫌いなく食べるようにすることで、健康を保持していきましょう。

夜更かしをするだけでなく、朝食を摂らずに登校したり、太ることを気にして偏食をしたりする生徒がいますが、給食は栄養バランスを考えた大切な食事です。まずは意識レベルでもよいので本人の変化を認めたうえで、大切な受験に向けて健康づくりに努力するよう方向づけています。

生活

学習

特別活動

特別なニーズ

△体力づくりに消極的な生徒

ネガティブ

走ったり、運動したりするなどの体力づくりに消極的で、疲れを訴えることがよくありました。文化系の部活動なので、意識して運動しなければ健康は保てません。自分に厳しく、健康づくりに取り組むことができるように心がけましょう。

ポジティブ

運動することを敬遠しがちでしたが、保健の学習を通して、体力づくりの大切さに気づき、意識が変わってきています。まずは、1日5分、簡単にできる運動でよいので続けるとよいでしょう。**大好きなダンスも、見るだけでなく、やってみると気持ちがいいですよ。**

健康の大切さは知っていてもなかなか取り組めない生徒は少なくありません。運動を義務と捉えると負担になるので、体力づくりの大切さを理解していることを認めたうえで、簡単なことや好きなことから挑戦するように方向づけるとよいでしょう。この文例のように、アイドルなどのダンスが好きな生徒には、見るだけでなく真似してみることを呼びかけるのも1つの方法です。

△健康への意識が不足している生徒

ネガティブ

みんながうがい手洗いをしている中、石鹸をつけずに手を洗ったり、マスクをあごにかけたまま話したりすることがありました。手洗いやうがいは、自分の命を守るだけでなく、相手の命も守ります。注意されないように気をつけましょう。

ポジティブ

保健の授業で、健康づくりは、自分のためだけではなく、仲間をも大切にすることだと発言していて驚きました。手洗い、うがい、換気も、自分のためだけではないのですね。<u>この意見を率先実行する健康リーダーとしての活躍に期待しています。</u>

健康のために大切なことはわかっていても、なかなか実践できない生徒は多いものです。そこで、授業などの場面での発言を取り上げながら、ちゃんと理解できていることを認め、その考えを推進するリーダーとしての活躍に期待を寄せるという書き方で、意識を方向づけています。

自主・自律

○生活委員長としてがんばっている生徒

　生活委員長として毎朝校門に立ち、どんな天気の日にも、変わらず全校生徒にあいさつをし続ける○○さんにいつも感心させられました。「これをやらないと１日が始まらない」と語る姿に、強い責任感と心の成長を感じました。

○修学旅行の実行委員長をやりきった生徒

　修学旅行の実行委員長として、200名の学年を束ね、「生き方を見つめる」修学旅行を成功へと導きました。集合時刻の遅れや私語を、「これは私たちの生き方の問題です」と力強く語る姿にもリーダーとしての成長を感じました。

○健康委員としてがんばっている生徒

　健康委員として、朝の健康観察や手洗いうがいの励行をがんばりました。ただ点検するのではなく、体調の悪い仲間を気づかったり、明るく呼びかけたりすることで、学級の健康への取組がとても充実しました。

○班長としてがんばっている生徒

　班長として、班員一人ひとりの性格を踏まえ、楽しい班になるよう働きかけができていました。班ノートを自主的に始め一人ひとりのよさを紹介し合ったり悩みを交流したりしたのもさすがでした。おかげで、○○さんの班には笑顔が絶えませんでした。

○掃除班長としてがんばっている生徒

　掃除班長として、班員に指示するだけでなく、率先して汗を流し、美しい学校づくりに貢献しました。単に指示するだけでなく、自ら大変な分担箇所を引き受けたり、後片づけまで進んで行ったりすることで、班員からも一目置かれています。

○感謝の気持ちを行動で表した生徒

　最後の大会が終わったあと、お世話になった体育館を徹底的に清掃しようと呼びかけたのは、○○さんでした。感謝しながら床を磨き上げる姿に、３年間の部活動を通して培われた人間としての成長を見る思いでした。

○図書委員としてがんばった生徒

　図書委員として、全校の読書量を増やすために、学年別の貸出日を決めたり、読書週間を開設しビブリオバトルを展開したりするなど、自分たちで本のある生活をつくり出そうとする意欲を感じました。

○ポジティブに物事を考える生徒

友だちが学校生活への不満を述べても、「まあそんなこともあるさ」とポジティブに考えることができることに感心します。さらに、「解決できる方法を探そうよ」と働きかけることで、自ら学校生活を明るいものにできました。

○放送委員としてがんばっている生徒

放送委員として、お昼の放送改革に取り組みました。音楽をかけるだけでなく、学級紹介や、部活がんばっていますコーナーなど、みんなが楽しくなる話題を盛り込み、学校の情報発信基地としました。委員としての自覚の高さに感心しています。

○委員長立候補者の応援責任者としてがんばった生徒

委員会委員長に立候補した友だちに頼まれ、応援責任者になりましたが、その応援ぶりは見事でした。キャッチフレーズを盛り込んだポスターをかき、大きな声で全校生徒に立候補者の人柄や公約を全力で訴え続け、見事に当選にこぎ着けました。

○修学旅行の実行委員をやりきった生徒

修学旅行の実行委員として自主的に活動できていました。日程の確認や資料の印刷は目立たない活動でしたが、決して手を抜くことなくやりきる姿はさすがでした。おかげで、混乱もほとんどなく、思い出に残る修学旅行になりました。

○集配係として、提出100%達成にがんばった生徒

入試ではミスは許されないからと、集配係として、提出物100%達成を呼びかけ、がんばりました。忘れる仲間がいると、その要因を確かめるだけでなく、仲間の働きかけがあれば防げると、二重のチェック体制を確立したのにもびっくりしました。

○美化委員長として清掃活動に打ち込んだ生徒

美化委員として、「掃除名人への道」を提案し、美しい学校づくりに取り組みました。清掃の仕方を動画で紹介したり、美しい掃除場所ベスト5を紹介したりするなどして、全校の美化意識を高めました。責任をもってやり抜き、大きく成長しましたね。

○体育祭実行委員長としてがんばった生徒

体育祭実行委員長として、「完全燃焼」の取組を見事にリードしました。「日常生活こそ、体育祭の礎」という考えから、時間厳守や服装徹底を呼びかけ、学校生活そのものを活性化した功績はとても大きいです。実に見事でした。

△仕事を他人任せにする生徒

ネガティブ

　自ら立候補し、全校の承認をもらってなった放送委員長でありながら、当番の放送で目立つこと以外、自分でやることはほとんどありませんでした。名ばかりの委員長の姿がとても残念です。しっかりと責任をもってやり抜く姿に期待します。

ポジティブ

　放送原稿をただ読むだけでなく、ウィットやユーモアを交えて放送できるよさがあり、お昼の放送を楽しみにしている生徒がたくさんいます。**次学期は、委員長として下級生や仲間の努力をねぎらい、共に汗すると、さらに生徒主体の委員会活動として輝きが増すはずです。**

　「目立つことだけやりたがる」とネガティブに捉えるのではなく、活動の中で光っているよさはしっかりと認めたいところです。そのうえで、さらにリーダー性を高めるために何をすればよいのかを所見として書くと、間接的に、足りない点を指摘することにもなります。特に３年生は、いい意味でのプライドをくすぐることがポイントです。

△与えられたことしかやろうとしない生徒

ネガティブ

　掃除の時間にはほうきなどで掃いてはいますが、ごみを集めるというより、なでているだけという掃き方で、掃除になっていません。しかも、そのことに気づかないのが残念です。自分たちの使う場所です。自分たちできちんと掃除をしましょう。

ポジティブ

　掃除の時間に、床にこびりついた給食の食べかすを一生懸命こする姿がありました。細かいところに気がつけることに感心しています。**「見つけ掃除」のセンスがあるので、自分の分担だけではなく、汚れチェックを意識すると、さらに実力を発揮できるはずです。**

　掃除に打ち込めない生徒は、掃除の単調さに飽きてしまっていることが少なくありません。しかし、見つけた汚れが美しく変化するのはうれしいものです。「義務だからがんばりなさい」と伝えるよりも、よさをまず示し、よさを生かした掃除の仕方を提案する方が、本人のやる気を喚起することになります。

△後片づけが苦手な生徒

ネガティブ

大掃除では、高いところのほこりまで丁寧に払いましたが、後片づけをきちんとせず、掃除用具が廊下に置きっぱなしになっていました。これでは掃除をしたことになりません。片づけまできちんとできて当たり前です。気をつけましょう。

ポジティブ

大掃除では、高いところのほこりまで丁寧に払い、見違えるほどきれいにしてくれました。さらに**用具の片づけなども確実にすることを心がけると、積極的に掃除に取り組むよさがさらに輝きます**。

短所が気になるとそのことから書いてしまいがちですが、高いところまで一生懸命掃除ができるその生徒のよさをまず確実に捉えて所見を書くことがとても大切です。そのうえで、足りないところを示し、その力がつくことでさらに今もっているよさが輝くという流れで言葉を続けると、生徒を励ます所見になります。

△時間にルーズな生徒

ネガティブ

けじめをつける力が不足していて、活動のスタートに間に合わないことがたびたびありました。その間、仲間がスタートできないことも多く、学級に迷惑をかけました。時間を守り、みんなに迷惑をかけないようにがんばりましょう。

ポジティブ

活動的で何事にも意欲があります。また、仲間に呼びかける力があり、学級の取組では大切なムードメーカーになっています。ときどき開始に遅れて、みんなが活動をスタートできないことがありますが、**これがクリアできれば、学級を動かす真のリーダーになります**。

時間を守れないことを短所として書く前に、活動的で呼びかける力がある本人のよさを述べます。そのうえで、開始に遅れて活動が始まらない事実を書きますが、これも短所として書くというより、さらに成長するための視点として書くという構えです。一人ひとりに課題は必ずありますが、まずはその生徒のがんばりやよさに目を向けましょう。

責任感

○入学式の歓迎あいさつをした生徒

　春休み中にもかかわらず、入学式準備で何度も登校し、体育館で練習する姿が輝いていました。当日も、堂々と３年生としての誇りを感じる語りぶりで、新入生も感動していました。何事もきちんと責任をもって取り組む姿勢がすばらしいです。

○生徒会長として１年生を心から歓迎した生徒

　生徒会長として、執行部とともに、入学したばかりの１年生の教室を順番に回り、学校生活の楽しさを語って回るなど、温かさと行動力が光りました。３年生が中心となり、楽しい学校生活をつくり出そうという責任感にあふれていました。

○班長としての責任を自覚して掃除に取り組んだ生徒

　掃除班長として、床にひざをつき、美しくなるまで率先垂範の姿勢でがんばりました。また、反省会が終わった後にも、水がこぼれていないか、汚れはないかなどをもう一度きちんと点検する姿に感心しました。責任感あふれる班長でした。

○部活動の部長としてがんばった生徒

　サッカー部の部長として、レギュラーも準レギュラーも同じ充実感が得られるように、練習では分け隔てなく同質の練習ができるように気配りをしていました。大会で全員一丸となって戦えたのも、チームとしてのこの素地があったからです。

○生活委員としてあいさつ運動に打ち込んだ生徒

　生活委員として、毎朝、玄関であいさつ運動に取り組みました。返事が小さい生徒を追いかけてもう一度あいさつをするなど、持ち前のユーモアを交えながら朝の玄関に笑顔の花を咲かせてくれました。その責任感の強さに感心しました。

○玄関の掃除に毎朝取り組んだ生徒

　玄関掃除を数名の仲間とともに始め、見事に１年間を通してやり抜きました。ほうきで掃き、水を打ちながら自分の心をさわやかにしたのだと思います。同時に、３年生としての強い責任感と誇りを感じました。

○修学旅行の班別行動で時間をきちんと守った生徒

　修学旅行の班別行動では、過密な計画で大変でしたが、小走りで移動したり、時計を絶えず見ながら活動したりして、１分も遅れることなく、すべての日程をやりきりました。みんなをリードするその責任感の強さに感心しています。

○合唱コンクールの伴奏者としてがんばった生徒

　合唱コンクールでは、伴奏者として難しい曲を見事に弾きこなしました。家でも随分練習したと聞きます。あきらめることなく練習しきれたのは、音楽が好きなことだけでなく、みんなが歌いやすいようにという思いが強かったからだと思います。

○卒業アルバムの実行委員としてがんばった生徒

　卒業アルバム委員として、1000枚を超える写真の中から感動写真を選び出したり、1人何枚映っているかという気の遠くなるような整理をしたりと、その粘り強さに驚きました。みんなのためにやりきるという責任感の強さに感心しています。

○文化祭実行委員としてがんばった生徒

　文化祭の脚本決めでは、YouTube から動画を探してきたり、簡単な解説書をつくって配付したりするなど、やる気にあふれる姿に感心しました。「最後の文化祭を成功させたいんです」という言葉が責任感の強さを物語っていて、うれしく思いました。

○廊下のワックスがけをがんばった生徒

　廊下のワックスがけでは、ひざに油が染みるのも構わず必死に磨き込む姿に感心しました。「学校は自分たちで美しくするもの」という思いに、3年生としてのプライドを感じます。学級の仲間もその背中を見て思わず力を入れるほどでした。

○部活動の用具の手入れに打ち込んだ生徒

　大会が終わった後、使った用具を磨き上げる活動を提案し、3年生1日がかりでやり抜きました。感謝の気持ちがあふれたのだと思いますが、3年生としての責任感の強さの表れでもあると思いました。2年生がその思いを引き継いでくれるはずです。

○健康委員としてがんばった生徒

　健康委員として、毎朝の健康観察がきちんとできました。保健室まで報告に行く仕事も率先して行い、体調の悪い仲間を気づかって保健室まで連れて行くなど、委員としての自覚と責任感の強さに感心しました。

○地域の方への連絡を欠かさず続けた生徒

　学校だよりを自治会長さんのところにいつも届けてくれました。「お手数をおかけしますが、お目通しよろしくお願いいたします」と毎回礼儀正しくあいさつでき、責任感あふれるきちんとした態度に、自治会長さんも感心されていました。

△仕事ぶりに責任感が見られない生徒

ネガティブ

　美化委員として清掃活動に取り組みましたが、点検するのがやっとで、活動に対する意欲が感じられませんでした。集団は各自が役割を果たすことで成り立ちます。このままでは委員をやっている意味がなくなります。責任をもってがんばりましょう。

ポジティブ

　廊下のワックスがけでは、機械を操作してピカピカに磨き上げてくれました。大掃除の際にも、洗剤を各分担に配って回るなど気配りができました。**毎日の活動の中でも同様の積極性が見られると、○○さんの責任感がさらに磨かれます**。次学期のがんばりに期待しています。

　日々の仕事ぶりで不十分なところが目立っても、がんばっている瞬間は必ずあります。大掃除などでがんばっていた場合には、そのときのよさをまずは伝え、日常の活動でもできるようになるとさらに成長できるということを、期待を添えて書くとよいでしょう。委員会は、がんばりの事実を認めやすい活動です。

△学級の共有物を大切にできない生徒

ネガティブ

　給食当番のエプロンを洗ってこないため、次の当番が困ることがたびたびありました。汚れたままでは不衛生であるだけでなく、次の人が使うことができず迷惑します。金曜日に必ず持ち帰って洗い、月曜日にはきれいな状態で次の当番に渡すようにしましょう。

ポジティブ

　給食では、きちんとエプロン・マスクをつけて配膳ができました。汚れやすいミートソースなどのときにも、率先して盛りつけをしていることに感心します。**そうして一緒に働いてくれたエプロンなので、感謝の気持ちを込めて洗濯し、次の人に渡せるようになるとさらによいですね。**

　エプロンを洗い忘れる生徒はいますが、そのことばかり強調すると、当番活動そのもののよさも失われます。そこでまずは、当番活動の様子やそのよさを記述します。そのうえでものを大事に扱うという視点から間接的に注意を促します。家庭との連携にもかかわるので、書き振りには注意したいところです。

△みんなで決めたことをやろうとしない生徒

ネガティブ

　合唱コンクールで全員で歌おうと決めた曲の歌詞を、2週間経っても覚えてきていません。練習の際も口も開かず、やる気が感じられません。みんなで決めたことには責任をもってやりきらないと信頼されません。

ポジティブ

　合唱に少し苦手意識があるようですが、コンクールに向けて一生懸命パート練習に打ち込む姿が輝いています。特に、高音の音程をとるのは難しいようですが、指揮者に合わせて練習を重ねています。**歌詞を覚えきると、もっと自信をもって歌えます。**あと少しです。

　合唱コンクールや体育祭の練習に消極的な生徒を見ると、外面だけでやる気がないと判断しがちですが、苦手な活動に取り組みにくさを感じ、積極的になれないというケースも少なくありません。そこで、まずはがんばっている点や伸びてきた点をしっかり認めます。そのうえで、次なるステップを示し、教師の期待を添えることで、本人を励まします。

△上級生として適切なふるまいができない生徒

ネガティブ

　3年生らしさをはき違えて、部活動などで下級生に高圧的に指示したり威張ったりする態度が目立ちました。1年生は、○○さんのそんな姿に、あこがれではなく怖さを覚えています。3年生らしさをもっと別の形で示せるようになりましょう。

ポジティブ

　部活動での下級生に対する指導は厳しいですが、その厳しさは自分にも向けられていることが、○○さんの練習に打ち込む姿からよくわかります。**だからこそ、その強さを後輩への温かな指導につなげると、一層あこがれの存在になるに違いありません。**

　後輩に必要以上に厳しく接してしまう生徒の中には、自分に対しても同様の厳しさをもっている生徒がいます。所見では、この自分に対する厳しさをよさとして価値づけ、そのうえで、後輩への指導ぶりを変えていくように助言できるとよいでしょう。部活動は、このような人間関係における意識の変化を促す大切な教育の場でもあります。

創意工夫

○全校を巻き込む活動を展開した生徒

　生徒会長として、「みんなが登校するのが楽しみになる学校にしよう」と、「朝のさわやかあいさつ運動」を大々的に展開し、学校の活力をつくり出しました。3年生が範を示すという考え方を浸透させ、自らあいさつの先頭に立つ姿に感心しました。

○生徒会行事をつくり出し、楽しい学校づくりに貢献した生徒

　執行部として校長室までお願いに行き、「生徒会の時間」を承認してもらい、全校が楽しめるレク大会を実現させました。その情熱と行動力に感心しました。「楽しい学校を自分たちの手で」という姿勢が学校の新しい文化になりつつあります。

○保健委員として手洗いうがいを呼びかけた生徒

　感染症予防のために、手洗いうがいを全校に呼びかけました。点検だけでなく、みんなの意識を変えるために、手洗い名人コンテストや、楽しくできるうがい紹介など、アイデアあふれる活動を展開したことに感心しました。

○社会係としてがんばった生徒

　社会係として、新聞記事紹介を授業3分前学習に取り入れ、時事問題に強い学級になれるように働きかけました。授業でも、挙手を呼びかけたり、テスト対策を考えたりするなど、実にアイデアあふれる活動ぶりでした。

○図書委員長としてがんばった生徒

　図書委員長として、図書館のおすすめ本を紹介したり、学級別に借りる日を決めたり、読書週間を位置づけたりするなど、皆が読書に親しむことができる活動を工夫しました。その甲斐あって、全校の読書数は昨年度の2倍になりました。

○学級新聞の編集・発行をがんばった生徒

　学級新聞係として、隔週で、学級の新鮮なニュースはもとより、「○○さんの特技紹介」「これぞ3年生の勉強法」など、多彩な内容を工夫して、毎回みんなが夢中で読みたくなる新聞を発行しました。そのアイデアの豊かさに脱帽です。

○掲示係としてがんばった生徒

　掲示係として、学級の歩みをドラマチックに表現する掲示を作成しました。学級の動きと、個人のがんばりの両面をバランスよく取り入れた掲示は、3年○組の学級の歴史そのもので、学級の自慢の1つにもなりました。

○給食当番をがんばった生徒

　給食当番では、エプロン・マスクを着用しきびきびと配膳ができていました。さらに「10分間完全配膳プラン」を提案し、学年で一番早く「いただきます」ができるように導いたのは見事でした。何事にもアイデアを出して改善できるよさがあります。

○自主学習の方法を工夫した生徒

　家庭学習の方法を変えてから、学力がめきめきと向上してきています。ノートに写すのではなく、世界に１つの参考書になるようにまとめることを心がけることができるようになってきたからですね。まだまだ伸びます。アイデアを輝かせてください。

○学級の意見をまとめ上げる力のある生徒

　学級の話し合いで意見が対立すると、お互いの意見をまず確かめ、よいところは認め歩み寄るという手法で、いつも学級の意見をまとめ上げてくれました。多数決でない解決方法のアイデアと実行力に感心しました。学級の頼もしいリーダーの１人です。

○忘れ物ゼロの取組を工夫した生徒

　忘れ物をなくすためのポイントは、帰りの会のチェックと家庭での再チェックだと考え、帰りの会では、隣同士で生活記録ノートに記述されているかをチェックする仕組みを考案し、実行しました。おかげで忘れ物はほとんどなくなりました。

○説明の仕方が上手な生徒

　授業では自分の考え方を説明するのがとても上手です。特に、資料を示しながら話したり、前の人の意見のよさとつないだりして話せるため、みんなからは、「○○さんの説明ですっきりした」とよく言われています。

○計画を工夫して家庭学習に取り組んでいる生徒

　家庭学習がマンネリ化しないように、毎日やることと曜日ごとにやることを分けて取り組んでいます。工夫して学習に取り組むことで、着実に学力は向上しています。教科ごとの学習の仕方も工夫すると一層効果が上がります。期待しています。

○独創的な作品づくりができる生徒

　美術や技術・家庭では、実際に使うことを考えて機能性とデザインの両面が光る作品づくりができました。常に目的に立ち返って作品づくりを工夫することができるよさがあります。その力は進路選択でも必ず生きてくるはずです。

生活

学習

特別活動

特別なニーズ

△こなすだけの委員会活動になっている生徒

ネガティブ

　保健委員として、朝の健康観察だけに終始したことは残念です。もっとみんなの健康のことを考えて委員としてがんばる姿に期待します。委員会活動は点検の活動だけではありません。

ポジティブ

　保健委員として、毎朝の健康チェックを確実に行いました。**体調が悪い人には、その理由を聞いて、みんなにも気配りをするように働きかけていました。**次学期は活動を発展させ、家庭での生活習慣改善の呼びかけをする姿に期待しています。

　本人ががんばっていることがあるのは事実です。したがって、「○○しかやらない」と捉えるのではなく、まずは「○○は（きちんと）やっている」と捉えましょう。そういう目で見ていくと、既存の活動の中にも、本人なりの工夫が見えてくることが少なくありません。そのうえで、期待を込めて今後に望むことを伝えるようにするとよいでしょう。

△いつも同じ方法でしか家庭学習ができない生徒

ネガティブ

　毎日２時間家庭学習をしていますが、同じ方法でしかやらないので力が伸びていません。もっと能率のよい方法や合理的な方法にも目を向け、学力を高められるようにがんばりましょう。進路は自分の力で切り拓いていくものです。

ポジティブ

　毎日欠かさず２時間の自主的な学習ができていることに感心しています。教科書や参考書をきちんと写していることも自主学習ノートからよくわかります。**これだけできるのですから、教科の得意不得意に合わせて取り組み方を変えると、さらに力がついてくるはずです。**

　教科書や参考書をただ写したり、単語だけを繰り返し書いたりする成果の上がりにくい家庭学習をしている生徒は多いものです。しかし、家庭学習の習慣がきちんと身についていることは、それだけでも評価に値します。そのことを価値づけたうえで、教科ごとの重点のかけ方や内容の見直しを示唆して、さらに工夫して家庭学習ができるように方向づけるとよいでしょう。

△発展的に考察する姿勢に欠けている生徒

ネガティブ

　理解力はあるのですが、探究しようとする意欲に欠けるため、答えが出ると見直すこともなく、ミスが目立ちます。答えは1つでも、解決の方法はいくつもあります。もっと積極的に学習の仕方を工夫することを期待しています。

ポジティブ

　数学では、直観力に優れ、答えを素早く導くことができます。洞察力もあります。**よりよい方法を探す学習にシフトしていくと、○○さんの力がさらに伸びるだけでなく、もったいないミスなども減っていくはずです。**次学期の新たな挑戦に期待しています。

　直観力に優れる生徒は、答えが出るとそれで満足してしまうことがあります。そこで、この直観力をきちんと認めたうえで、よりよい方法を探る学習の楽しみを所見に書き、学習の仕方を変えていくとよいことを示唆します。多様な見方・考え方を伸ばすことは学力向上には不可欠なので、積極的に所見に盛り込みたいところです。

△自分のアイデアや意見を出さない生徒

ネガティブ

　修学旅行の自由行動を決める際に、仲間の意見に耳を傾けることはできますが、自分の考えは出しません。消極的な姿勢が、仲間には「やる気がない」と感じられがちです。常に自分の意見をもち、主張する姿勢を磨いて卒業してほしいです。

ポジティブ

　協調性があり、修学旅行の班活動では協力してやり抜きました。ただ、本当は○○さんならではのプランもあったことも聞いています。**自分のアイデアや意見を出すことで、班活動はさらに充実すると思い、勇気をもって発言してみてください。**みんな必ず理解してくれます。

　協調性があり穏やかな生徒は、せっかくよいアイデアをもっていても、それをなかなか発言することができません。担任は、そういった表に出にくいアイデアや意見も丁寧に見取り、認めるようにしたいものです。ここでは、協調性をまず認め、発言することが自分のためだけでなく、みんなにもメリットになることを具体的に書き、勇気づけています。

思いやり・協力

○委員会活動で仲間と協力した生徒

　保健委員会では、学校のために自分ができることを考え、積極的に意見を出し合い、ポスター作成やチェック活動など委員会のメンバーと協力して学校をよりよくする活動ができました。

○仲間に協力を促すことができる生徒

　だれとでも分け隔てなく話すことができる性格の持ち主です。そのため、まわりにいる仲間をまとめ、学校行事などに協力して取り組む雰囲気をつくることができる、クラスに欠かせない存在です。

○学習面で協力し合うことができる生徒

　テスト週間には、休み時間や放課後に友だちと質問し合うなど、自分だけでなく、仲間と一緒に伸びることができました。○○さんのこのような姿勢が、クラス全体の学習する雰囲気を高めています。

○リーダーとして協力を促すことができる生徒

　部活動では、野球部のキャプテンとして部員のことを第一に考え、優しく、時には厳しく叱咤激励するなど、部員全員で協力して最後の大会で結果を残すことができるように働きかけることができました。

○先輩として後輩を思いやることができる生徒

　部活動では、後輩と準備や片づけ、部室の掃除などを協力して行うなど、最高学年として後輩にも思いやりをもって接することができました。そのため、部員からの信頼も厚く、頼りにされる存在に成長しました。

○修学旅行の班決めで気づかいができた生徒

　修学旅行の班決めでは、なかなか班に入れずにいる仲間に率先して声をかけるなど、いつも学級全員のことを気にかけることができる思いやりの気持ちがあります。そのため、学級のだれからも信頼される存在です。

○班員全員に気配りができる生徒

　修学旅行の班行動を計画するときには、班員全員の意見を聞きながら、順序よく見学できるようにするにはどうすればよいかを考えることができました。そのため、班員全員が満足して見学を終えることができました。

○班員の体調を気づかった生徒

　修学旅行では、保健係として健康チェックを確実に行うことができました。また、班員のちょっとした体調の変化にも気づいて養護教諭に報告するなど、班員を思いやって行動することができました。

○班長として班員を思いやることができた生徒

　修学旅行では、班長として班員の意見をよく聞きながら班をまとめました。また、けがをしている班員のために、見学の最中に多めに休けいをとったり、ゆっくり歩くことを心がけたりと、仲間を思いやって行動することができました。

○他学年の生徒と協力して行事を盛り上げた生徒

　体育祭では、団長として他学年の団員と協力して応援合戦の盛り上げ方を考えたり、出し物を考えたりすることができました。団員一人ひとりに目配りをしながらまとめ上げる力は、○○さんならではのものでした。

○行事で仲間に協力や団結を呼びかけた生徒

　体育祭では、学級の生徒が競技に出ているときだけでなく、他学年の同じ団員が出場しているときにもしっかり応援するように声かけをするなど、協力して体育祭を盛り上げることの大切さを周囲に広げていました。

○行事に団結して臨む雰囲気づくりに努めた生徒

　合唱コンクールでは、指揮者として合唱曲のことをだれよりもよく勉強し、作詞者や作曲者の思いをみんなに伝えました。そのことで、曲に対する全員の理解が深まり、団結してコンクールに臨む雰囲気ができ上がりました。

○行事に向けて協力し合う雰囲気を醸成した生徒

　合唱コンクールでは、気持ちを合わせ、ハーモニーを大切にして練習に臨むことができました。分け隔てなく率直に意見を述べる○○さんの影響で、学級全体にも、男女問わず意見を出し合い、協力しながら合唱を完成させていく雰囲気ができました。

○周囲への感謝や思いやりを行動で表した生徒

　卒業に向けて、学級役員と協力しながらカウントダウンカレンダーをつくったり、後輩のために清掃ボランティア活動をしたりするなど、仲間や後輩に対する感謝や思いやりの気持ちが行動の随所に見られました。

生活

学習

特別活動

特別なニーズ

△仲間の失敗を責めてしまう生徒

ネガティブ

　生活の中で、友だちの失敗を強く責めてしまうことがあります。失敗は自分の身にも起きる可能性があることですし、友だちとの関係を考えたときにも、相手を傷つけるような言葉には慎重になってほしいと考えています。

ポジティブ

　友だちの失敗に対して、自分の思ったことを素直に伝えてしまうことがあったので、**「自分がそうなったときにはどんな言葉をかけてほしい？」と、一緒に振り返りました**。そういった経験を通してプラスの声かけのよさを考えるようになり、仲間を責めてしまう場面が随分減っています。

　友だちの失敗を責めるという行動のほとんどは、つい思ったことを言ってしまうことが原因です。そのため、課題ではあるけれど、悪意のある行動ではないことを伝えることがまずは大切です。そして、「『自分がそうなったときにはどんな言葉をかけてほしい？』と一緒に振り返りました」という、前向きな言葉を引き出す学校での具体的な指導と、本人の変化について伝えることで、保護者も安心します。

△仲間に対する心ない言動が見られた生徒

ネガティブ

　卒業式で厳粛な雰囲気をつくろうと、生徒主体で礼法の練習を行いましたが、練習を主導する仲間に対する思いやりのない言葉が聞こえてきたのは大変残念でした。義務教育の修了を前に、仲間への思いやりについてもう一度真剣に考えてほしいです。

ポジティブ

　卒業式の礼法の練習では、**練習を主導する生徒の思いまで汲み取ったことで、○○さん本人の卒業に向かう気持ちも高まりました**。姿勢や合唱にも気持ちが入り、卒業生らしい顔つきになりました。進学先での成長が楽しみです。

　卒業に対して前向きな気持ちをもつことができず、一生懸命な生徒に心ない言動をとってしまう生徒がいます。そういった生徒への指導は必要ですが、所見では指導された事実を伝えるのではなく、指導によって起こった変容を中心に伝えることが大切です。将来に対する期待感も込めて伝えると、生徒の心にもより長くとどまることでしょう。

△仲間と協力して行動できない生徒

ネガティブ

　修学旅行では、自分の考えていた班の行動計画にならなかったことに納得がいかず、班行動を逸脱する姿を目にしました。自分の行動が班や学級全体にどのように影響するのかを考えられるようになっていきましょう。

ポジティブ

　修学旅行の民宿の夕食や体験活動では、班員と協力しながら準備や片づけをするなど、**全体を通して協力的に活動をすることができました。**感想で「班員と一緒に活動したことが楽しかった」と書いていたように、とても充実した旅行になりました。

　班行動を行う際、班の計画や方針に納得がいかず、それが態度や行動に表れてしまう生徒がいます。とはいえ、そのよくなかった行動に焦点化して書くのではなく、全体を通してどのように行事に参加したかを書くようにします。また、本人にとってもよいものとなったことを感想から引用して認めると、自覚的な変容のきっかけになります。

△非協力的な態度を注意された生徒

ネガティブ

　合唱コンクールの練習になかなか身が入らず、仲間から不満の声が上がるほどで、担任からも注意しました。今後も卒業式に向けた合唱練習があります。中学校生活の最後ですから、しっかり取り組んでいってほしいと思います。

ポジティブ

　合唱コンクールの練習に最初はなかなか集中できない様子だったので、**みんなで合唱する機会は残り少なく、後悔してほしくないと伝えると、気持ちを切り替えて真剣に取り組むことができました。**3学期の卒業式に向けた練習でも、ぜひこの気持ちをもち続けてくれることを期待しています。

　学級で協力して取り組むべき行事に身が入らず、まわりの生徒や教師から注意を受ける生徒がいます。そのような生徒の場合、注意されたという事実を伝えるのではなく、どのような指導を行い、どのような点で改善が見られたのかを伝えることが大切です。最後に、今後のがんばりにも期待しているという教師の思いを伝えることも大切です。

生命尊重・自然愛護

○多くの生命によって生かされていることに気づき感謝できる生徒

　ペットショップでの動物のお世話体験を通して、世話をしている自分の方が癒されていることに気づき、生きているすべてのものに感謝する気持ちが芽生えたことを集会で伝えることができました。

○命には限りがあることに気づき大切にしようとしている生徒

　震災で家族を亡くされた方の話を伺い、印象に残った内容や感じたことなどを班員と分担して大型新聞にまとめました。1・2年生の廊下に掲示し、限りある命を大切にしようと訴えることができました。

○生命につながりがあることに気づき大切にしようとしている生徒

　理科で生命のつながりについて学んだ後、昨年度の老人保健施設での体験と結びつけ、自分の命も他者の命も大切にしたいという強い気持ちを生活ノートに綴ることができました。

○生命誕生の偶然性に気づき大切にしようとしている生徒

　理科で生命のつながりについて学んだ後、奇跡が重なって誕生した自分の命の大切さに気づき、いつも反抗してしまう両親への感謝の思いを1分間スピーチで学級の仲間に伝える姿が印象的でした。

○自分の命も他の命も大切にしようとしている生徒

　「いのち」についての講演会では、真剣に講師の方の話に耳を傾けました。自分の命も他者の命も大切にしなければならないことに気づいたこと、またそのためにどのように生きていくかを、お礼状を通して伝えることができました。

○被災者を思いやり励まそうとした生徒

　過去に被災された方の話を伺ったことをきっかけに、被災地へ家族と一緒に赴いてボランティア活動を行いました。これからも、人の命を大切にし、人を思いやる気持ちをもって行動することができる○○さんでいてください。

○生きることの尊さに気づき命を大切にしている生徒

　大病を経験された方の講演を通して命の尊さに気づき、入院している祖父のこととも結びつけて新聞に投書しました。その中で、若者の自殺が増えていることを憂い、歯止めをかけたいという高い意識を示したことも立派です。

○自然の崇高さに気づき感謝している生徒

　１年時の自然体験学習や２年時の農村民泊体験学習の体験と、理科の「自然界のつながり」で学習した内容を通して、自然が人間を豊かにする存在であることを改めて感じ、その崇高さに感謝する気持ちを１分間スピーチで伝えることができました。

○自然の中で生かされていることを自覚し感謝している生徒

　学年菜園で収穫した野菜を調理しました。いただいた後に自然の中で育った野菜をおいしく調理することの意味などを話し合い、人間が自然の中で生かされていることに気づいて、給食の残食ゼロ運動などに積極的に取り組むようになりました。

○自然環境を守ることの意義を知り大切にしようとしている生徒

　愛校作業では、花壇の整備をはじめ、毎年蛍が来る学校裏の川沿いの清掃活動を行いました。活動を通して、改めて自然環境を守ることの大切さを感じ、大人になっても蛍が来る美しい川を守りたいという気持ちを後輩に伝える姿が印象的でした。

○自然の美しさに気づき大切にしようとしている生徒

　修学旅行先の京都嵐山での竹林散策でその美しさに感動し、地元にも同じような美しい景色がないかと友だちと探し、みんなに紹介するなど、自然に目を向け大切にしようとするすばらしい姿が見られました。

○積極的に自然とかかわり親しもうとしている生徒

　門松をつくるために地域の方と山に入り、竹や松の枝を選んだり運んだりするなど、自然の中に溶け込んで楽しそうに活動する姿が見られました。その後の愛校作業でも、花壇の整備や地域の清掃活動に熱心に取り組んでいました。

○自然の力のすさまじさを知り謙虚に向き合っている生徒

　防災学習を通じて知った人間の力の限界についてグループで話し合いました。震災などの災害の事実を知ることの大切さや、一人ひとりが自然をどのように捉え、対していくべきかについて、自分の考えを学級で発表することができました。

○人間と自然とのかかわりについて深く考えている生徒

　３年間の学年菜園づくりを通して、土や水、気候や天気などあらゆるものの条件が整うことが大切で、人間と自然は切っても切れない関係であることに気づき、かけがえのない自然を一層大切にしたいという気持ちをもつようになりました。

△弱い立場の人に辛く当たってしまう生徒

ネガティブ

　老人施設での体験学習では、行動がゆっくりであったり、うまくコミュニケーションが取れなかったりする方に辛く当たる姿が見られました。みんな様々な状況の中で一生懸命生きています。それを理解できる人になってほしいと思います。

ポジティブ

　老人施設での体験学習では、戸惑いながらもよく取り組んでいました。**「どのような状況の人でも生命の尊さは同じ」**と道徳の感想に書いていた○○さんですから、どんな人のことも大切に思い、優しく接することができると思います。今後に期待しています。

　生徒によくない面があるように見えても、教師は一面だけを見て決めつけず、寄り添い支えたいという気持ちを伝えることが大切です。例えば、道徳の記述を提示するなどして頭の中でわかっていることを行動に結びつけられるようにさりげなく伝えることも1つの方法です。

△不安になると他者を攻撃する生徒

ネガティブ

　受験を控え不安になるとまわりに八つ当たりをし、傷つける言葉を平気で口にしてしまうところが気になります。みんな同じ状況で、○○さんと同じような気持ちをもっていることに気づき、お互いに支え合うことが大切です。がんばってください。

ポジティブ

　受験を控え不安が増す中、放課後、友だちに勉強を教えている○○さんに感心しました。不満をぶつけたくなるときもあると思いますが、**先生は○○さんの友だちを思いやる素敵な姿を卒業までにもっとたくさん見られることを期待しています。**

　生徒に改善してほしい課題をストレートに伝えるのではなく、「日頃からあなたのよいところを見ていますよ」と、具体的な事例をあげて伝えることが大切です。また、生徒に期待する気持ちを伝えることで自己肯定感が高まり、自分を大切にし、ひいてはまわりの人たちをも大事に思う態度をはぐくむことへとつながります。

△自然に無関心な生徒

ネガティブ

愛校作業の環境美化活動では、友だちとふざけて、積極的に活動する姿が見られず残念でした。大自然に恵まれた環境に感謝し、慣れ親しんだ学校裏の小川を美しくするなど、自然に感謝する気持ちをもってほしいと思います。

ポジティブ

大自然に囲まれて生活していると、そのありがたみを忘れてしまいがちですが、**1年生のとき、蛍祭りのために学校裏の小川を一生懸命に掃除しましたね**。卒業まであとわずかですが、改めてこの恵まれた環境に感謝の気持ちをもち、何かできるといいですね。

与えられた活動には身が入らず、つい悪ふざけをしてしまうような生徒も、活動が自分事となると取り組む態度が変わります。そこで、直接的に残念だったことを伝えるのではなく、過去のそのようなエピソードを示し、生徒自身に今後の行動について考えさせるのもよい方法です。

△自然の力を理解できていない生徒

ネガティブ

防災学習で学んだことを後輩へ伝える会では、準備のときから協力的でない姿が見られました。「自分には関係ない」と思っているのかもしれませんが、自然には恐い一面があることを謙虚に受け止め、自分のこととして考えていってほしいと思います。

ポジティブ

防災学習の報告会では、後輩の質問に答えられなかった内容を放課後に調べて伝えに行った姿に感心しました。**災害を自分のこととして考えるのは難しいと思いますが、これを機に自然の力についてより深く考えられるようになるとよいですね**。

教師は生徒の課題ばかりに目が行きがちですが、生徒が少しでもがんばっていた姿を見逃さず、それをほめて伝えることが大切です。また、前向きになれない生徒の気持ちに寄り添い、これからどうしていくかを、3年生なので押しつけにならない程度に助言し、今後の成長を見守ることも大切です。

○生徒会で書記として活躍した生徒

生徒会書記として、生徒議会の議事録を確実に作成するなど、自分の役割に対して責任ある態度で取り組むことができました。また、全校生徒が読みたくなるように工夫した生徒会だよりを毎月発行することができました。

○生徒会長として活躍した生徒

生徒会長として学校を盛り上げようと、スローガン募集の呼びかけを行いました。また、「利他共生」のスローガンのもと、朝のボランティア活動や募金活動も計画し、他の生徒会役員の先頭に立って行動しました。

○学級代表として活躍した生徒

修学旅行では、学級代表としてクラスの先頭に立って行動するとともに、時間を意識しながら集合や整列の声をかけることができました。また、お世話になった民宿の方に、感謝の気持ちをお礼の言葉として伝えることができました。

○学級書記として活躍した生徒

学級書記として、連絡黒板の記入を確実に行ったり、行事の思い出の掲示物を写真やイラストを使って見やすく作成したりするなど、学級のために進んで活動することができました。

○保健委員として活躍した生徒

保健委員として毎朝の健康観察を確実に行うなど、自分の役割に対して責任ある態度で取り組むことができました。また、健康週間には健康安全セルフチェックを行い、級友が安全でケガのない生活ができるように呼びかけました。

○緑化委員として活躍した生徒

緑化委員として、毎朝の水やりに確実に取り組むなど、自分の役割に対して責任ある態度で取り組むことができました。また、委員会の時間には、花壇の環境整備に一生懸命取り組みました。

○体育委員として活躍した生徒

体育委員として体育祭の準備や当日の係の活動を確実に行うなど、自分の役割に対して責任ある態度で取り組むことができました。また、体育倉庫の片づけを同じ委員会の仲間と進んで行うことができました。

○社会係として活躍した生徒

　社会係として次の時間の持ち物の連絡や課題の集配を確実に行うなど、自分の役割に対して責任ある態度で取り組むことができました。また、ICT機器の準備や片づけを進んで手伝うことができました。

○美術係として活躍した生徒

　美術係として次の時間の持ち物の連絡や作品の集配を確実に行うなど、自分の役割に対して責任ある態度で取り組むことができました。また、毎時間の授業が終わったら美術室の片づけを進んで手伝うことができました。

○進んで清掃活動に取り組んだ生徒

　「黙掃」を心がけて清掃活動に取り組み、毎日雑巾が真っ黒になるまで職員室の床をきれいに清掃しました。また自分の分担場所が終わっても、仕事を見つけて取り組むことができました。

○持ち場の清掃に一生懸命取り組んだ生徒

　清掃活動では、昇降口の下駄箱の砂をきれいに掃いたり、汚れているところを雑巾がけしたりするなど、自分の役割に対して責任ある態度で取り組みました。下駄箱がいつもきれいなので級友も気持ちよく使うことができています。

○自主的に掃除ができる生徒

　掃除の時間には、教室前の手洗い場を隅々までたわしでこすってきれいにしました。また休み時間でも手洗い場の流しが詰まっていると、進んで掃除をしてくれるなど、常に人の役に立てるように行動することができました。

○給食当番に積極的に取り組んだ生徒

　こぼれたものの片づけなど、みんなが嫌がるような仕事も進んで引き受けました。また、給食の準備時間を短くするために、自分が当番でないときも給食当番を気持ちよく手伝うことができたのは大変立派です。

○ボランティア活動に進んで参加した生徒

　早朝の清掃ボランティアや地域のボランティア活動に進んで参加しました。ボランティア活動を通して人のために行動することのすばらしさや喜びを体得することができました。

△自分の仕事を忘れてしまいがちな生徒

ネガティブ

　前期は緑化委員として活動しましたが、朝の水やり当番を忘れてしまうことがありました。3年生として下級生の手本にならないといけません。次の学期は、自分に任された仕事に確実に取り組んでいきましょう。

ポジティブ

　前期は緑化委員として活動に取り組みました。朝の水やり当番を忘れてしまうことがあったので、**当番の前日にはペアの生徒と声をかけ合いながら取り組むように改善をしています。** 3年生としての自覚と成長が表れてきています。

　委員会の当番活動を忘れてしまう生徒の文例です。当番活動を忘れてしまうという事実だけを伝えるのではなく、その事実を克服するためにどのように取り組んでいるのかに重点を置いて伝えます。また、中学校生活のまとめとなる学年に当たるので、自覚や成長をキーワードに励ますことも有効です。

△掃除の取りかかりが遅い生徒

ネガティブ

　清掃活動は昇降口の下駄箱の掃除に取り組みましたが、友だちとしゃべっていてなかなか掃除を始めることができませんでした。3年生として最初から最後まで時間いっぱい清掃に取り組めるとよいでしょう。

ポジティブ

　清掃活動では、昇降口の下駄箱の砂をきれいに掃いたり、汚れているところを雑巾がけしたりしました。**決められた仕事にきちんと取り組むことができるので、さらに仕事を見つけて時間いっぱい取り組めるようになると、よりすばらしいですね。**

　掃除など仕事の取りかかりが遅い生徒の文例です。3年生として時間いっぱい清掃に取り組ませたいのですが、まずは生徒がきちんとできているところを伝え、評価します。そのうえで、さらにこうしていくとよいということを具体的に伝えることで、本人の自覚を促していきたいところです。

△自分の役割を意識できていない生徒

ネガティブ

　日直の活動では、授業が終わった後、黒板を消し忘れて遊びに行ってしまい、ペアになっている人が困っていました。中学校卒業後は、自分に任された仕事ができないとまわりの人に迷惑をかけてしまいます。自分の役割を意識して行動しましょう。

ポジティブ

　日直の活動では、朝の会や帰りの会の司会を元気な声で進めることができました。**ペアの生徒と声をかけ合いながら黒板を消す仕事にも取り組んでいます**。3年生として任された仕事を1人でも確実にできるようになることが次の目標です。

　当番活動における自分の役割を意識できていない生徒の文例です。できていないことだけを伝えるのではなく、まずはできていること伝え、その次に改善に向けて取り組んでいることを伝えていきます。また、できていないことについては、3年生ということも踏まえて、具体的な目標を明示することも大切です。

△係活動への責任感が欠如している生徒

ネガティブ

　社会係として次の時間の持ち物の連絡や課題の集配を忘れてしまうことがありました。学級の仲間の進路選択にもかかわってくる大切な仕事です。自分の任された仕事に対して責任ある態度で取り組むようにしましょう。

ポジティブ

　社会係として授業で使うICT機器の準備や片づけを進んで行うことができ、教科担任の先生も助かっていました。次の時間の持ち物の連絡や課題の集配を忘れてしまうことがあったので、**級友と声をかけ合うことで改善しながら取り組んでいます**。

　意図的ではないものの、係の仕事を忘れてしまう生徒の文例です。ここでも、できていないことだけを伝えるのではなく、まずはできていることを伝えて、その次に改善に向けて具体的に取り組んでいることを伝えます。この取組がよい結果につながったら、そのことを次の学期の所見できちんと伝えることも忘れないようにしたいところです。

公正・公平

○公正な判断を重んじる生徒

　授業中の話し合い活動で、一人の発言に考えが傾きそうになっても、必ず全員の話を聞こうとしていました。だれに対しても同じ姿を見せることができ、周囲から信頼されています。

○公平な行動ができる生徒

　体育祭の徒競走競技でメンバーを決める際に、体育の時間で計った100m走のタイムを基にすることを提案し、公平な組み合わせづくりに貢献してくれました。また、どのような場面でも公平な見方や考え方を大切にする姿が見られました。

○間違っていることに毅然とした態度をとれる生徒

　物事の良し悪しを判断する際、あきらかに間違った選択をしようとしている友だちに対して、「それは間違っているよ」とはっきり伝える姿が見られました。間違いを指摘するだけでなく、代案も示すことができるのが○○さんのすばらしさです。

○冷静に司会ができる生徒

　学級会の際に、話し合いが偏った方向に進みそうになったとき、一度話し合いを止め、何が間違っているのかを見極めようとする姿が見られました。また、○○さんの取組により、学級で互いに考えを伝えられるようになっています。

○感情に流されない生徒

　学級の話し合い活動の際に、感情的に発表する友だちに対して、ゆっくりと丁寧に受け答えすることができます。また、自分の考えを発表するときも、みんなの表情を見ながら、わかりやすく伝えることができます。

○話し合いで揉め事を解決しようとする生徒

　クラスマッチのドッヂボール競技で、ボールが当たったか当たっていないかで揉めたとき、どうしたらお互いがすっきりした形で終えられるかを冷静に話し合おうと提案してくれました。このような態度から、周囲の人望がとても厚いです。

○不正を許さない生徒

　下級生とかかわる活動の中で、１年生が不正をしてでもゲームに勝とうとしている際に、「それはよくないよ」と毅然とした態度で注意する姿が見られました。そのため、後輩からはとても慕われています。

○正義感あふれる生徒

生徒会活動の中で、「正義」の意味や必要性を訴えるポスターづくりの呼びかけに真摯に取り組む姿が見られました。様々なところで公平な判断ができるため、学校のリーダーとして活躍しています。

○話し合いを円滑に進行する生徒

学級会において司会を務め、話し合いが混乱しそうなときにも一人ひとりの意見の整理を上手に行っていました。また、いつも公正な言動を大切にしながら物事を進めるため、友だちからの信頼をたくさん得ています。

○けんかに発展しないように友だちに働きかけられる生徒

友だち同士で言い合いが起きたとき、間に入ってお互いの言い分を聞き、上手に話し合いにつなげる姿が見られました。どんなときでも感情に左右されることなく、一人ひとりの考えを大切にすることから、多くの人から尊敬されています。

○リーダーとして公正・公平な言動を大切にする生徒

文化祭の実行委員長として、様々な出し物を企画する際に、企画者の考えを公平に聞き入れ、企画を考えようと努力していました。そのため、全員の心に残るすてきな文化祭になりました。

○見て見ぬふりをしない生徒

見て見ぬふりをすることができない性格で、どんな小さなことに対しても真摯に、そして誠実に行動する姿がたくさん見られました。○○さんの日々の取組を見て、多くの友だちが模範としています。

○だれとでも仲良くできる生徒

校外学習でお弁当を食べるときに、グループに入りづらくなっている友だちに優しく声をかけ、一緒に昼食を食べる姿が見られました。だれに対しても分け隔てなくかかわることができる姿がとてもすてきです。

○学校全体の公正・公平の意識を高めようとする生徒

生徒会長として「いじめダメ！絶対に！運動」を企画し、全学年にどうしたらいじめを撲滅することができるかを話し合う場を提案し、運営しました。おかげで、いじめを絶対にしてはならないという学校全体の意識が高くなっています。

生活

学習

特別活動

特別なニーズ

△人によって態度を変える生徒

ネガティブ

　友だちや後輩など、人によって態度を変えてしまう姿が目立ちました。どんな人に対しても優しくかかわることができるようになると、よりよい人間関係が築けるようになるでしょう。

ポジティブ

　多くの人と積極的にかかわろうとする姿勢は○○さんのよさです。時には人とのかかわり方で悩むこともあると思いますが、自信をもって自分の意思を言葉で伝え、よりよい人間関係を築いていってください。

　人によって態度を変えてしまうというネガティブな側面を焦点化するのではなく、多くの人とかかわることができるというポジティブな側面を、まずは評価しましょう。また、望ましい行動を所見で示し、学校生活の中でそういう場面を見つけたら認めるという継続的な指導が効果的です。

△正義感が強過ぎる生徒

ネガティブ

　正義感がとても強く、曲がったことが大嫌いですが、その思いが強過ぎて、友だちの間違いに対して必要以上に強く注意をする場面が多々見られました。正義感をもつことは大切ですが、友だちとの人間関係も考えてほしいと思います。

ポジティブ

　どんなときでも揺るがない正義感の持ち主で、友だちがよくない行動をした際にも、「それは間違っているよ」とはっきり伝えることができます。**そんな○○さんのことをみんな尊敬しているので、その正義感を周囲の友だちによりよい形で伝えていってくれることを期待しています。**

　正義感が強過ぎるがゆえに人間関係で失敗してしまう生徒がいますが、正義感が強いこと自体はすばらしいことなので、まずはそのことを肯定的に評価することが大切です。そのうえで、担任として今後に望むことを、期待感を込めて伝えるようにするとよいでしょう。

生活
学習
特別活動
特別なニーズ

△後輩だけに厳しい生徒

ネガティブ

　体育祭や文化祭等の学校行事では、同級生には優しくかかわることができているのですが、後輩には厳しく叱責している姿がたびたび見られました。学年問わず、だれに対してもよりよいかかわりを大切にしてください。

ポジティブ

　体育祭や文化祭等の学校行事では、同級生に優しくかかわる姿が数多く見られました。**そのかかわり方を、後輩やこれから出会う人たちにも広げていくと、きっとより多くの人とよい関係をはぐくむことができるはずです。**

　後輩に対して必要以上に厳しい態度で接する３年生がいますが、同級生には優しく接することができているのであれば、まずはそのことを肯定的に伝えます。また、後輩に対する態度についても、できていないことを指摘する形で伝えるのではなく、できていることの範囲を今よりも広げていくという方向性でアドバイスをするとよいでしょう。

△学年で差別する生徒

ネガティブ

　３年生として様々なところでリーダーシップを発揮しているのですが、すべてにおいて最上級生の考え優先という態度が様々な場面で見られたことが残念でした。もっと後輩の考えを取り入れていくことも大切です。

ポジティブ

　３年生として様々なところでリーダーシップを発揮していました。また、**同級生の考えをしっかりと聞き入れる姿が数多く見られたので、次の学期は、後輩の考えも取り入れながら、学校全体で新たなことを考えていくとよいですね。**

　後輩の考えを聞くことが苦手な場合、同級生とのよいかかわりを伝えながら、同様のかかわりをしていくことの大切さを伝えると効果的です。また、「今できなくても、次の学期にがんばったらいいよ」というように、おおらかな構えで教師の願いを伝えることも大切です。

公共心・公徳心

〇学校のリーダーとして全体に貢献した生徒

　生徒会長として、新入生に対するあいさつでは、新入生が希望をもって学校生活に取り組んだり、規則を守って気持ちよく生活したりすることができるよう、学校をよりよくするための気持ちを込めて堂々と話すことができました。

〇委員会の仕事を通して学校に貢献した生徒

　風紀委員長として、遅刻指導や服装点検活動に学校全体で組織的に取り組み、単に校内における規律を維持するだけでなく、規則を守ることが自分自身や他者を尊重することになるというメッセージを届けることができました。

〇部活動の伝統を後輩に引き継いだ生徒

　部活動を引退した後も、常に後輩のことや部活動のことに気を配り、後輩がより上達したり、チームワークを高めたりすることができるよう、適切な助言をすることができました。

〇部活動でチームに貢献した生徒

　夏の大会前に手を骨折し、レギュラーから外れて悔しい思いをしましたが、マネージャーを引き受け、練習の準備や片づけを進んで行ったり、積極的に意見を伝えたりすることで、チームの勝利に大きく貢献しました。

〇体育大会でチームに貢献した生徒

　体育大会では、白組の応援団長として応援団をまとめ、練習のときからだれよりも大きい声で集団をリードしました。体育大会当日の応援合戦では、一糸乱れぬ演技や力強い応援歌でチームを盛り上げることができました。

〇合唱コンクールで学級に貢献した生徒

　合唱コンクールでは、伴奏者として各パートの練習や全体練習をコーディネートし、適切に助言をしながら学級を盛り上げることで、学年の優勝に大きく貢献することができました。

〇修学旅行で学年のために活躍した生徒

　修学旅行の実行委員として、実行委員長を助け、クラスメイトの思いも受け止めながら、しおりの制作や宿舎レクリエーション等の企画立案をすることで、修学旅行成功に貢献することができました。

○学級のリーダーとして学級に貢献した生徒

学級代表として、学級の規則を一方的に押しつけるのではなく、学級会で提案し、学級の仲間の意見を取り入れ、話し合いながら規則をつくっていったことで、よりよい学級づくりに貢献することができました。

○粘り強い声かけでルールの定着に貢献した生徒

学級活動では、学校生活についてのルールづくりを呼びかけ、クラスの先頭に立って実践し、クラスメイトに粘り強く声をかけることでルールを定着させていくなど、よりよい学級づくりに貢献することができました。

○清掃活動に熱心に取り組んだ生徒

清掃の時間には、教室の清掃を自発的に行い、人の嫌がるような仕事でも学級のために積極的に行うことができます。さらに、休み時間でも教室内外のゴミ拾いをしたり片づけたりしてくれるので、教室がとてもきれいになりました。

○進路学習から社会貢献に考えを深めた生徒

福祉関係の仕事に就きたいという、将来の進路について明確な目標をもち努力してきました。目標を実現することで、よりよい社会の実現に努めようとする意欲が伝わってきます。

○地域に貢献した生徒

地域交流事業のボランティアに率先して参加し、地域の方と協力して会場設営や清掃活動、ポスター貼りなどに積極的に取り組む中で、一つひとつの取組が地域を活性化させることに気づきました。

○地域の伝統や文化を大切にしている生徒

文化祭では、班で協力して地域の文化について調べ、掲示物を制作しました。地域のすばらしい伝統についてまとめていく中で、伝統を受け継ぐことの大切さにまで考えを深めることができました。

○国際的視野に立って考えることができた生徒

戦争体験の講話では、戦争の悲惨さやその中で生活する人々の気持ちに思いを寄せながら、熱心に話を聞きました。振り返りの中で、日本人としての自覚をもち、世界の平和に貢献したいという意欲が伝わってきました。

生活

学習

特別活動

特別なニーズ

△学校のきまりが守れない生徒

ネガティブ

　身だしなみや休み時間の過ごし方などの学校のきまりを守れず、自分に非がある場合でもすぐに謝ったり改善したりできない場面があり、残念でした。自分勝手な行動がまわりにどのように影響するのかを考えることができるようになってください。

ポジティブ

　身だしなみや休み時間の過ごし方など、学校のきまりを守れない場面があったので、自分のふるまいがまわりにどのような影響を与えるのか担任と話し合いました。その後は、**自分がその場で取るべき行動を冷静に考えながら動く姿が随所に見られるようになってきました**。大きな成長です。

　学校のきまりが守れないことは、周囲に与える影響も大きいので、その事実はきちんと示す必要があります。ただし、担任の困り感を伝えるのではなく、生徒と担任でどのように取り組んでいるのかを伝えることが大切です。そして、指導を経て見取ることができた生徒の成長をしっかりと記すようにしましょう。

△自分勝手な言動をしてしまう生徒

ネガティブ

　授業の中で緊張感を欠く言動が目立ち、大変残念でした。集団行動の中で大切な約束事やきまりの重要性に気づいてほしいところです。全体のことを考えて意見を述べることができるようになっていってください。

ポジティブ

　授業の中で、緊張感を欠く言動が何度か見られましたが、集団行動の中で大切な約束事やきまりの重要性に気づいてきたようです。**自分の視点で意見を述べることができる○○さんのよさを生かし**、全体のためになる意見を述べることができるようになることを期待しています。

　「緊張感を欠く言動」というネガティブな捉えを、「自分の視点で意見を述べることができる」というポジティブな捉えで言い換えて伝えています。他にも「集団を盛り上げることができる」「ムードメーカー」「友だちの緊張をほぐす」など趣旨に応じて言い換え、表現を工夫しましょう。

△進路に対する意識が低い生徒

ネガティブ

職業に関する学習では、進路に対する意識が希薄なため、調べ学習に消極的な姿が見られました。今は意味を見いだせなくても、まずは調べたり取り組んだりすることで、自分自身で興味をもつことができるようになっていきましょう。

ポジティブ

職業に関する学習では、はじめは職業や進路に対して具体的なイメージをもつことができない様子でしたが、**友だちの発表を聞く中で様々な職業について知り、人のためになる仕事に興味をもつことができました。**

進路に対する意識が低い、目的意識が希薄など、活動に対する意欲が低い生徒は少なからずいます。そのような消極的な生徒も、仲間とのかかわりの中で興味をもつことはできます。そういったところから能動的な部分を見いだし、前向きな文章で伝えるようにすることが大切です。

△視野が狭くなりがちな生徒

ネガティブ

戦争体験の講話では、戦争の悲惨さやその中で生活する人々の思いに共感し過ぎ、その後の意見交流では戦勝国に対する批判的な意見を述べることに終始していました。もう少し冷静に、建設的な考えをもつことができるようになってほしいと思います。

ポジティブ

戦争体験の講話では、戦争の悲惨さやその中で生活する人々の思いに共感する、○○さんらしい優しい姿が見られました。その後、**日本人として今後自分たちに何ができるかを話し合う中で、平和な世の中にしていくために必要なことをじっくりと考えていました。**

戦争体験の講話を聴いて、戦争の悲惨さやその中で生活する人々の思いに共感できること自体は生徒のよさであり、しっかりと認める必要があります。そのうえで、本人はそこからどのようにしたいと考えているのか、小さな変容も丁寧に見取って評価していくことが大切です。

第2部
通知表の所見文例

第2章
観点・段階別
学習にかかわる所見文例

　本章では、教科の学習にかかわる所見文例を紹介します。

　文例は、新しい学習評価の3観点（「知識・技能」「思考・判断・表現」「主体的に学習に取り組む態度」）に分類してあり、それぞれ3段階の評価（「◎十分満足できる」「○概ね満足できる」「△努力を要する」）に対応する形で示してあります。ただし、「△努力を要する」に対応した文例も、不十分な取組を指摘することを目的としているのではなく、評価に表れなかった努力や改善の取組を見取り、励ますための所見と考えてください。

■知識・技能

◎国語の学習において、聞き上手になるために、相手の言いたいことや話の展開を予想しながら聞き、臨機応変に質問することの大切さを理解することができました。相手や場面に応じた適切な言葉づかいを理解して質問することができました。

◎聞き手の心に訴えるスピーチをするために、話題を決めて情報を集めることが大切だと理解することができました。情報の発信者・出典、調査方法、情報の数が適切か確認して、必要な情報を集めることができました。

◎文学作品を読むときには、描かれた内容をそのまま受け入れるのではなく、登場人物の考え方や行動を批判的に読むことで、自分の人生や社会について深く考えるきっかけになることを理解することができました。

◎筆者が自分の考えを述べる文章では、主張と根拠の関係は適切か、根拠となる事実や情報に信頼性はあるのか、前提としている事実に誤りはないかなどの観点で、筆者の意見や根拠を検討する必要があることを理解できました。

◎古典では、歴史的背景に注意しながら、作者や作品に興味をもち、俳句と地の文から成る構成の効果を理解することができました。また、作者の思いを想像しながら全文を朗読することができました。

○2つのノンフィクションを読み、読書によって、様々な状況に生きる人々やそこで活動する人々について理解したり、読書が自分の生き方を支えたりしてくれることに気づいたりすることができました。

○説得力のある批評文を書くためには、地域社会の中で見聞きしたことや新聞、テレビ、書籍などのメディアを通して知ったことの中から題材を選び、意見と根拠の関係など説得力のある展開を考えることが大切だと理解できました。

△当初、自分の考えを話すことに少し苦手意識があったようでしたが、課題解決のための会議を開く際には、どんな意見も否定せず、自由にアイデアを出し合うブレインストーミングの話し合いを理解し、安心して自分の意見を話していました。

△和語や漢語、外来語について学ぶことに少し苦手意識があったようですが、それぞれの意味や違いを、具体例をあげながらわかりやすく学ぶことで、少しずつ理解できるようになってきました。

△人物像や表現に着目しながら読み解くことに苦手意識があったようで、登場人物の言動を表す語句に着目し、その意味を一緒に考えてきました。今後は、他の作品を読むときに生かせるようになることを期待しています。

■思考・判断・表現

◎物語を批判的に読み、作品を批評する学習では、自分の知識や経験と比べたり、語り手や人物の立場、時代背景などを変えて読んでみたりして、作品のもつ特性や価値について考えることができました。

◎歴史的背景などに注意して古典を読むことを通して、その世界に親しむことができました。古典の文章の中から自分の心に響いた言葉を引用し、身近な人に自分の思いを伝えるメッセージを書くことができました。

◎説得力のある批評文を書くために、観点を決めて問いと答えを書き出し、表にまとめるなどして分析することができました。自分の意見を支える根拠となる資料を引用するなどして構成を考え、自分の考えをわかりやすくまとめることができました。

◎文章を読むときには、内容の信頼性や客観性を吟味し、自分の知識や経験と比べて納得できるか否かを検討するために、２つの文章を比較して共通点や相違点を表にまとめ、それを基にグループで話し合うことができました。

◎課題解決のために会議を開くときは、進行の仕方を工夫したり、お互いの発言を生かしたりしながら話し合い、合意形成に向けて考えを広げたり深めたりすることができました。

○「読むこと」においては、読み手に必要な情報を過不足なく伝えているか、読み手の状況に合わせた言葉や表現を使っているか、不親切で誤解を招く表現になっていないかなどの点に着目して文章を読み、課題に取り組むことができました。

生活

学習

特別活動

特別なニーズ

○聞き手の心に届くスピーチをするために、興味を引く導入や明確な主張、聞き手が納得できる根拠や提案の設定、適切な説明順序などを考えて、話を構成することができました。

△文章を批判的に読みながら、文章に表れているものの見方や考え方について考えることに少し苦手意識がありましたが、事実や事例の選び方、取り上げ方や語句の選び方に着目するように促すと、自分なりの考えがもてるようになりました。

△課題を解決するために話し合いを行うことに少し苦手意識がありました。相手の意見を否定しない、根拠を求めないブレインストーミングでアイデアを出し合うことを知り、安心して自分なりの考えを話すことができるようになりました。

△説得力のある批評文を書くということに少し苦手意識がありましたが、自分の意見を支える根拠となる資料をどのように引用するか、どのように表現したら自分の考えを伝えることができるのかを一緒に考え、構成を工夫してきました。

■主体的に学習に取り組む態度

◎歴史的背景に注意して作品を読み、長く受け継がれてきた名言に触れることができました。人間、社会、自然などについて自分の意見をもち、今までの学習を生かして積極的に朗読したり自分の考えを伝え合ったりすることができました。

◎聞き手の心に届くスピーチをするために、説得力のある構成を考える必要があることがわかり、粘り強く論理の展開を考えて話の構成を工夫し、自分の考えを話すことができました。

◎積極的に情報の信頼性の確かめ方を使って読み、学習したことを踏まえて実生活への生かし方を意欲的に考えることができました。また、文章の構成や論理の展開、表現の仕方について進んで評価し、自分の考えをまとめることもできました。

◎教材文を読み、慣用句やことわざ、故事成語の特徴や性質について理解し、今までの学習を生かして進んで短文をつくったり、意味を調べたりすることができました。慣用句やことわざの誤用についても熱心に調べることができました。

◎社会生活の中で課題を解決するためには、多様な考えや価値観をもつ人々の意見を生かしながら、合意形成することが大切だと理解し、合意形成に向けて粘り強く考えを広げたり深めたりし、クラスで1つの提案にまとめることができました。

◎俳句の特徴について理解し、内容や表現の仕方に着目して、それぞれの俳句を音読できました。好きな俳句を一句選び、進んで鑑賞文を書いたり、俳句を創作したりすることができました。

◎説得力のある批評文を書くために、観点を決めて分析し、意見や根拠をどのような順序で述べるかを粘り強く考えたり資料を適切に引用したりして、学習の見通しをもって意欲的に取り組むことができました。

○単語の活用、助詞や助動詞などの働き、文の成分の順序や照応など文の構成について理解するとともに、これまでの学習を生かして、積極的に練習問題に取り組むことができました。

○進んで古典の世界に親しみ、今までの学習を生かして朗読することができました。現代語訳や語注を参考に、和歌に詠まれた心情や情景を想像し、用いられている表現技法について評価し、進んで鑑賞文を書くことができました。

△「私」が考えている「希望」や望む社会のあり方などについてどう考えるのか、自分の考えを話すことに少し苦手意識がありましたが、場面や登場人物の設定に着目して読み取ることで、進んで考えを話そうとする姿が見られました。

△自分の考えをみんなの前で話すことに少し苦手意識がありましたが、ブレインストーミングでアイデアを出し合うときには、自分の考えを話そうという意欲を感じることができました。

△はじめは書くことにやや苦手意識があったようですが、自分がどう感じたかを踏まえて観点を決めて問いを出し、その問いに対して自分の考えを書き出したり、友だちと話してみたりして、考えを深めて書こうという姿が随所に見られるようになりました。

生活　学習　特別活動　特別なニーズ

社会

■知識・技能

◎少子高齢化の学習では、少子高齢化の進行により課題になっていることを、家族形態の多様化による核家族の増加や、共働き世帯の増加などの事実と関連させながら理解することができました。

◎伝統文化の学習では、日本の年中行事や祭、芸能などが長い歴史の中で培われてきたこと、それらが私たちの暮らしや価値観に多大な影響を与えていることを、年中行事を行った経験を基に深く理解することができました。

◎現代の民主政治の学習では、マスメディアが政治に与える影響について理解するとともに、メディアリテラシーを発揮して情報を入手していく必要性についても理解することができました。

◎私たちの生活と財政の学習では、国や地方公共団体の予算の仕組みや財源をめぐる課題、税金の種類や仕組みなどについて、生活経験や資料などの具体例を基に、正確につかむことができました。

◎公民の学習では、日本の選挙制度や選挙にかかわる課題などについて学びました。特に投票率の低下について、原因や対策を資料に基づいて詳しく調べ、まとめることができました。

〇多様化する労働のあり方の学習では、非正規労働者や外国人労働者の仕組みや、それらの抱える課題について理解することができました。より深く理解するためにも、立場を変えながら同じ問題を見つめる習慣をつけるとよいでしょう。

〇国際社会の仕組みの学習では、学習した内容について、キーワードを使って説明することができました。さらに理解を深めるために、具体例をあげたり、よりわかりやすい言葉で言い換えたりすることを目指しましょう。

△写真やグラフなどの資料を学習に生かすことが少し苦手なようです。資料からわかることは何なのか、そこから考えられることはどんなことがあるのかを、分類してノートに書き記しておく習慣をつけていってください。次学期のがんばりに期待しています。

◎…「十分満足できる」に対応した文例
○…「概ね満足できる」に対応した文例
△…「努力を要する」に対応した文例

△日本の政治や経済、人権問題にかかわる法や制度を覚えることに少し苦戦している
ようです。表や関係図をつくることで、法や制度を整理してつかむことができます。
教科書の図を参考に、自分でまとめることに挑戦してみてください。

△公民的分野の学習では、重要語句を十分に理解していないようです。法律や制度な
どの難しい語句を学習する際には、調べたことや関連する事例などを書き加えてお
くのがコツです。ぜひ試してみてください。

■思考・判断・表現

◎太平洋戦争の学習では、戦争の長期化が国民や植民地、占領地の人々の暮らしに与
えた影響について、写真や表などの資料から捉え、時代背景と関連させながら考え
ることができました。

◎公民の学習では、社会集団内の問題解決において、みんなが納得できる解決策をつ
くるためにどうすればよいのかを、効率と公正の両方に配慮して考え、意見交流を
通して策を練り上げていくことができました。

◎人権の学習では、情報化の進展によって新しく主張されるようになった権利につい
て、時代によって主張される権利は変わっていくため、常に最新の知見を入手して
いく必要があると考えることができました。

◎国会の働きの学習では、タブレットでの検索を駆使して、実際に開かれている国会
の会期や、法案等の審議の状況などについて調べ、わかりやすい言葉で説明するこ
とができました。

◎資本主義経済の学習では、消費者である私たちの消費行動は商品に対する投票と同
じであると考え、よく考えた末に購入するのが賢い消費者であるという意見を表現
することができました。

○現代社会の見方や考え方の学習では、事例についての自分の考えを発表することが
できました。仲間の意見をしっかり聞いて自分の考えに取り入れたり、合意形成を
図ったりすると、さらに力がついていくはずです。期待しています。

生活

学習

特別活動

特別なニーズ

○地方財政の仕組みと課題の学習では、地方財政がその大半を依存財源に頼っていることから、住民サービスを低下させることなく財政を健全化するにはどうすればよいかを、仲間と議論することができました。

△公民の学習では、社会の出来事と授業の内容がなかなか結びつかない様子が見られました。学習内容を自分や自分のまわりの現実に照らして考える習慣をつけることで、自分事として捉え、判断していける力をつけましょう。次学期の取組に期待しています。

△公民の学習では、様々な立場に立って考えたり、複数の面からの情報を基に判断したりすることに少し苦手意識があるようです。対立と合意、効率と公正という意識を常にもち、学習に臨むことで、意識が変わってくるはずです。

△公民の学習では、政治の仕組みや関連する法律の定着がやや不十分なようです。その仕組みや法が設定されている目的や、自分とのかかわりについて考えるとよいでしょう。次学期はそのことを意識してがんばってください。

■主体的に学習に取り組む態度

◎「二度の世界大戦と日本」の学習では、大正時代に様々な民衆運動が発生した理由を、世界の情勢やマスコミの普及、日本人の就学率の変化などの複数の視点から意欲的に考えることができました。

◎「基本的人権と個人の尊重」の学習では、学習した内容を基に、身の回りに残る人権課題について考えました。女性や子ども、高齢者に加え、感染症の患者や性的少数者にも言及するなど、現代の社会を鋭く捉えることができました。

◎「民主主義の考え方」の学習では、多数決の原理について学んだ後、学級での話し合いにおいて少数意見を尊重する姿勢を見せるなど、学習内容を日常生活に生かしていこうとする姿が見られました。

◎「立憲主義と日本国憲法」の学習では、大日本帝国憲法と日本国憲法の比較や、それぞれの憲法が制定された時代背景を考えながら、学習に臨むことができました。既習内容と関連させることが自然にできるのはすばらしいことです。

◎「価格の働きと金融」の学習では、市場経済での価格の働きや独占・寡占の状態について、自分の生活経験と関連させながら学習に臨むことができました。自分の経験に基づいて学ぶ方法が身についています。

◎「地球環境問題」の学習では、開発によって起こる様々な環境問題について、開発は必要だと捉えたうえで、どのような開発を進めていけばよいのか考えることができました。多面的・多角的な視点で物事を捉えることができています。

◎公民の学習では、ニュースや新聞等で得た情報や、自らの生活経験などと学習内容を関連させながら意欲的に学習に参加することができました。また、学習したことを基にして生活を見つめ直すことができました。

○現代社会に対する見方や考え方の学習では、意見を積極的に発表できるよさがあります。自分の見方や考え方を広げるという意識をもって多面的に考察していくと、さらに理解が深まるでしょう。

○公民の学習では、知識を得るだけでなく「自分だったらどうするか」という意識をもち、学習に臨み始めています。3年後、主権者として意思表示をできるようにするためにこれからもその意識をもって学習に取り組みましょう。

△「現代の民主政治」の学習では、政治の仕組みや課題についてなかなか興味をもてなかったようです。ニュースなどで見聞きする言葉と、授業での学習内容を結びつけながら学習に臨むことが興味をもつコツです。次学期のがんばりに期待しています。

△「消費生活と経済」の学習では、多くの語句が出てくるためにやや苦手意識があるようです。身の回りの仕組みや出来事に関連している事象がほとんどなので、知っていることと、新出語句を結びつけることから取り組んでいきましょう。

△公民の学習では、仕組みやきまりをつかむことに少し苦手意識があるようです。公民的分野の学習を深めるために、日本や世界のニュースに対して、原因や影響、自分とのかかわりを考えてみてください。好奇心旺盛な〇〇さんなら、きっとできるはずです。

生活

学習

特別活動

特別なニーズ

数学

■知識・技能

◎因数分解は、式の展開と逆の関係であることに注目し、式の特徴をつかむことに重点を置いて問題に取り組むことができました。複雑な計算でも、展開や因数分解の公式を利用して、素早く計算することができました。

◎根号を用いて表される数の存在の必要性や表し方に関心をもち、数の平方根を求めることができました。また、平方根の近似値を、電卓で求めたり、他にないのかと自分で書物を調べたりして、いろいろな方法で求めることができました。

◎因数分解を利用した二次方程式の解き方を理解し、確実に解くことができるようになりました。また、平方根の意味から順に一般的な式へと変化させ、解の公式を導くまで、系統的な考え方をすることができました。

◎三平方の定理は直角三角形の3辺の関係であり、3辺をそれぞれ1辺とする正方形の面積の関係であることに気づくことができました。また立体の計量の問題では、適切な補助線をかき、図形の中の直角三角形を常に意識して解くことができました。

◎調査には一部のものを取り出して調べる標本調査があることを知り、どんな調査が標本調査にふさわしいか理解することができました。標本調査の実験も正しく行うことができました。

○多項式同士の乗法を、既習事項を基に正しく展開して解くことができました。乗法の公式や因数分解の公式の特徴をつかみ、様々な問題に取り組むことで、習熟することができました。

○2乗に比例する関数では変化の割合は一定ではないことに気づきました。また、変化の割合を求める式を理解し、正確に求めることができました。一次関数の変化の割合の求め方との違いについても理解することができました。

△展開のきまりを使って式の展開をすることが多いですが、乗法の公式の有用性を理解し、展開できるようになると効率がよくなります。どの公式を用いるのか迷うことがありますが、式の特徴をつかむことに重点を置いて練習を積みましょう。これからの取組に期待しています。

△解の公式を利用して二次方程式を解くことができました。解の公式は万能ですが、効率が悪い場合も多くあります。式の特徴をつかみ、どの方法が適切か見極めることに力点を置いて練習に取り組んでいってください。期待しています。

△三平方の定理は、式のみで理解するのではなく、図とあわせて理解することがポイントです。まずは直角三角形を見つけることを意識して問題に取り組んでみてください。○○さんなら、きっとできるようになります。

■思考・判断・表現

◎式の計算を利用した図形の性質の証明で、図形のまわりの道の面積の求め方は、どのような図形でも応用できると気づくことができました。また、式の展開や因数分解を利用して、証明することができました。

◎二次方程式になる事象があることやそのおもしろさに気づき、進んで二次方程式の解法について説明しました。文章題では、2つある解が題意に当てはまるのかを確実に判断し、問題の答えを求めることができました。

◎2乗に比例する事象を表にして、表を縦に読んだり、横に読んだりして、その特徴をまとめることができました。またグラフの学習では、既習の関数のグラフと比較して、違いを発表することができました。

◎相似な図形の相似比と面積比や体積比を、線分、平面、立体という視点で捉え、それらを関連づけて自分なりの表現でまとめることができました。また、比例式を利用して、長さや面積などを正確に求めることができました。

◎円周角の定理を利用した角の問題に興味をもち、いろいろな図形の角の大きさの求め方を進んで説明することができました。また、問題に取り組む中で、他にもいろいろな性質が成り立つことに気づき、証明することができました。

○2乗に比例する関数に関心をもち、身の回りにある事例を探したり、利用されているものを見つけたりしました。グラフや式を利用することによって、様々な値を求めることができました。

生活

学習

特別活動

特別なニーズ

○三平方の定理の美しさに興味をもち、いろいろな証明の方法を調べ、レポートにまとめました。また三平方の定理を利用した平面図形や空間図形などの問題に取り組み、解法について自分なりに説明することができました。

△二次方程式を利用する文章題では、文章から方程式をつくり、解を求めることができました。方程式を解いた後は、2つある解が問題に適するかどうかを必ず判断する必要があるので、確かめを習慣化していきましょう。今後のさらなるがんばりに期待しています。

△図形の拡大や縮小に興味をもち、いろいろな図形を様々な方法で拡大したり縮小したりすることを試みることができました。今後は、対応する辺に注目し、比例式をつくって長さを求めることにも挑戦してみてください。

△円周角の定理の利用にやや苦手意識があるようですが、円周角とその弧、中心角に目をつけるなど、基本の図を取り出して考えることが大切になります。取り出し方に自分なりの工夫をして取り組んでみてください。期待しています。

■主体的に学習に取り組む態度

◎道の面積の求め方を説明する問題では、式の展開や因数分解を利用して、様々な考え方で表そうとしていました。また、いろいろな形の道の図を自ら考え、解くことにも挑戦することができました。

◎平方根を含む式の乗除の計算に積極的に取り組み、様々な解き方があることに気づくことができました。また、その問題に類似した問題を自らつくったり、解いてみたりすることができました。

◎二次方程式を解く際に、因数分解や平方完成、解の公式を用いて正確に解を求めることができました。係数の組み合わせによってどの方法で求めるのが効率的であるかをしっかり考えながら取り組もうとしていました。

◎二次方程式の文章問題では、数値などの条件を変えて自分で問題を作成することに挑戦しました。問題作成では、方程式の解が問題の答えとしてふさわしくない場合まで、しっかりと吟味することができました。

◎2乗に比例する関数のグラフの学習では、直線との交点の座標を求める際、一次関数での学習を積極的に生かそうとしていました。常に既習に立ち返って考えようとする学習姿勢は立派です。

◎三角形の相似の証明では、根拠となる事柄を意識して等しい関係を表し、証明することができました。それを利用して、中点連結定理や相似な図形の面積比の性質を進んで見つけ出し、明らかにしようとしていました。

◎調査には一部のものを取り出して調べる標本調査があることを学習しました。この標本調査に興味をもち、新聞等で実際に行われている調査の抽出方法などについて詳しく調べることができました。

○2乗に比例する関数の学習では、一次関数と比較すると特徴を理解しやすいことに気づきました。特に変化の割合の一次関数との違いに興味を抱き、式の展開や因数分解を利用して導き出そうとしていました。

○三平方の定理の学習では、実際にいくつかの直角三角形をかき、それぞれの辺の長さを調べて定理が成り立つかどうかを確かめることができました。例をあげて確かめる学習姿勢が身についています。

△数学の学習に意欲的に取り組んでいますが、公式や定理の理解に不十分なところがあるようです。公式や定理は、ただ覚えるのではなく、自分で具体例をあげて確かめてみたりすると、活用できるようになってきます。今後の新たな挑戦に期待しています。

△2乗に比例する関数の学習では、意欲的に応用問題に挑戦することができました。単元テストでは、変域を考えていなかったことで間違えてしまった問題がいくつかありましたが、定期テストに向けて克服に取り組むことができました。

△図形の証明問題にやや苦手意識があるようです。証明の学習は2年生から始まったことから、自ら2年生のときの教科書を持参して、わからないことがあったときは既習に立ち戻って考えようとしていたのは大変立派です。○○さんなら必ず克服できます。

理科

■知識・技能

◎ 「角度をもってはたらく2力」の学習では、斜面下向きの分力の大きさによって斜面を下る物体の速さが変化することを理解することができました。その説明により、他の仲間の理解が深まり、授業が活性化しました。

◎ 「仕事と力学的エネルギー」の学習では、斜面の高さや小球の質量、斜面の傾きを変えて実験を行い、その結果を基に、仕事と力学的エネルギーの量的な関係を見いだして、適切に理解することができました。

◎ 「イオンと原子の成り立ち」の学習では、原子の構造をしっかりと理解することができました。そのうえで、電子を失ったり、受けとったりすることで、原子が電気を帯びたイオンになることを説明できました。

◎ 顕微鏡を正しく操作して観察を行い、いくつかの体細胞分裂の段階を捉えたスケッチや文章で、観察結果を適切に表現できました。段階でスケッチするなどの技能は、他の生徒のよい手本になりました。

◎ 「天体の一年の動き」の学習では、星座の年周運動のモデルを用いて、地球が公転することによって真夜中に見られる星座が移り変わることを見いだし、理解することができました。その説明は、他の生徒のよい手本になりました。

○ 「水中の深さと浮力の関係」の学習では、浮力の大きさは、水中に沈んでいる物体の体積によって変化すること、物体の質量には関係しないことを実験結果から見いだし、理解することができました。

○ 「月の満ち欠け」の学習では、日没後の同じ時刻に、月の見える位置や満ち欠けの様子を観察し、その結果を記録することができました。また、雨天時にはインターネットで他地区の月の記録を調べ、参考にするなどの工夫もできました。

△ 「斜面上での台車の運動」の学習で少し苦手さを感じていましたが、表のまとめ方やグラフのかき方を教科書で確認し、何度もやり直して理解を深めました。今後も教科書を使いながら、適切に表現できることを期待しています。

△当初は、実験の操作などに少し苦手意識が感じられましたが、実験操作の技能を身につけている他の生徒から学び、実験操作を正しく行うことができるようになりました。今後も、積極的に実験を行い、技能が向上することを期待しています。

△天体の学習では、当初空間の認識に苦手さが見られましたが、太陽と金星の位置を固定してどこに地球があると観察記録のように見えるかを図やモデルで考えることができました。今後も図などでイメージする力を大切にしてください。

■思考・判断・表現

◎「斜面を下る物体の速さの変化」の学習では、だんだん速くなる運動と物体にはたらく力を関係づけて考え、規則性を見いだすことができました。その規則性をわかりやすく説明することで、他の生徒の考えも深まり、授業が活性化しました。

◎「化学変化と電池」の学習では、実験結果を基に話し合い、組み合わせる2種類の金属と生じる電圧との関係や、＋極、－極の関係について見いだして、論理立てて表現できました。その姿は他の生徒のよい手本になりました。

◎ダニエル電池の学習では、＋極と－極での反応に着目し、電池の構造などと比較して、水素が発生しない、電圧が安定しているなどの優れている点を発表し、他の生徒の考えを深めることにつながりました。

◎無性生殖についての説明が見事でした。体細胞分裂が行われ、子は親の遺伝子をそのまま受け継ぐことを見いだして、文章としてまとめて表現し、クローン技術と関連させた説明をしました。

◎太陽の一日の動きを表した透明半球の観察記録を基に、モデルや地球儀を使って、太陽と地球の位置関係の規則性を地球の自転と関連づけて説明することができました。その説明は、他の生徒のよい手本になりました。

○中和のしくみについて、塩酸に水酸化ナトリウム水溶液を加えていったときの様子をイオンのモデルで表すことで説明することができました。この考えを活用し、強い酸性の土壌に消石灰をまく理由についても説明しました。

生活

学習

特別活動

特別なニーズ

○「遺伝の規則性」の学習では、ゴールデンハムスターの黒色の毛の例を基に、課題を見いだし、表現しました。孫の代で再び黒い毛が現れることを、モデルを使って自分なりに説明することができました。

△遺伝子やDNAのレポートでは、はじめはどのようにまとめればよいのか悩んでいましたが、ニュースや身近な問題と関連づけて考え、まとめることができました。今後も身近な問題とつなげて考えることを大切にしてください。

△化学変化を化学反応式で表すことに少し苦手意識をもっていましたが、昨年度の学習を復習することで、化学反応式で表せるようになりました。今後も復習をしながら、科学的に表現する方法を身につけていくことを期待しています。

△当初、太陽の一日の動きをうまくイメージすることができませんでしたが、他の生徒の記録を参考に透明半球の記録から太陽の動きを考えることができました。今後も記録の意味や意図を理解しながら、学習を進められることを期待しています。

■主体的に学習に取り組む態度

◎エネルギーの移り変わりについて、多少の損失はあっても、力学的エネルギーは保存されることを話し合いを通して強く考えることができました。その粘り強い学習姿勢は、いつも他の生徒のよい手本になっています。

◎エネルギーの変換効率について、他の生徒と協力して理解を深めたうえで、エネルギーの変換が理科の問題だけではなく、社会と関連していることについて気づき、諸課題の解決に向けた話し合いを行うことができました。

◎「化学変化と電池」の学習では、塩酸に亜鉛板と銅板を入れた電池の中で起こっていることを、話し合いを通して粘り強く考え、イオンや電子のモデルを用いて表現することができました。

◎酸性、アルカリ性の水溶液の性質について、関心をもって調べることができました。酸性、アルカリ性それぞれの水溶液を地道に調べ、共通する性質を見いだそうと考察する姿は、他の生徒のよい手本になりました。

◎「遺伝の規則性と遺伝子」の学習では、学習前の自分の考えと比べて理解が深まったことを自覚して、自己の成長や変容をレポートにまとめることができました。そのレポートは理科の学び方のよい例として掲示されました。

◎進化の学習では、学習前の自分の考えと比べて理解が深まったことを自覚して、自己の成長や変容を表現できました。特に、地球環境と進化を関連させたレポートは、中学校3年間の学びの集大成と言える作品でした。

◎月食や日食は、太陽、地球、月がどのような位置関係になったときに起こるのか、モデルや図を使って話し合い、全員の意見を尊重しながらまとめ、発表できました。その対話的な学びの姿勢は、他の生徒のよい手本になりました。

○季節の変化の学習では、地軸が傾きながら公転することで、太陽の光の当たり方と、昼と夜の長さが変化することについて、実験から科学的に探究することができました。

○「酸性、アルカリ性の水溶液の性質」の学習では、見通しをもって実験に取り組むなど、意欲的に学習に臨み、酸性、アルカリ性それぞれの水溶液に共通する性質を科学的に探究することができました。

△記録テープから運動の様子を判断することがうまくできませんでしたが、何度も実験する中で記録の読み取り方がわかるようになり、どのような運動をしているかを考えることもできました。今後も、粘り強く取り組むその学習姿勢をぜひ大切にしてください。

△星の観察に少し苦手意識がありましたが、太陽の動きの記録と同様に行えば観察できることに気づき、夜に一人でも観察ができるようになりました。今後もそれまでの学習を生かすその姿勢を大切にしてください。

△生物の成長と生殖の学習に苦手さを感じていたようですが、学習の前後を振り返り、成長や変容を記録し続けることで、学ぶ意欲につなげることができました。今後も自己の成長を確かめながら、自信をもって学習を進めていってください。

生活

学習

特別活動

特別なニーズ

音楽

■知識・技能

◎「花の街」の学習では、日本語の美しさと旋律の動きとのかかわりを理解し、明瞭な発声や響きを意識して歌うことができました。日本歌曲の魅力を味わうことができました。

◎ア・カペラでの混声4部合唱の魅力を表現しようと、音色の統一や各声部のバランスを意識し、美しい響きの合唱をつくり上げることができました。無伴奏で声だけの響きのよさを感じ取ることができました。

◎アルトリコーダーの学習では、曲想に合ったアーティキュレーションで表現するために、スムーズな息の流れを意識してタンギングやフィンガリングの技能を高めることができました。

◎ポピュラー音楽の鑑賞では、ポピュラー音楽の歴史や社会背景と多彩なジャンルとの関係について理解を深めながら聴くことができました。ポピュラー音楽の幅広さを改めて実感することができました。

◎創作活動では、音階の特徴や音のつながり方の特徴を、自分の創作したい曲のイメージにかかわらせて作曲することができました。作曲した曲を自分自身で演奏し、創作活動の充実感を味わいました。

◯卒業に向けての合唱活動では、歌詞に込められた作詞者の思いと自分たちの思いを重ね合わせ、仲間と心を合わせ歌うことができました。曲に込められた思いを捉え、演奏することの大切さを理解することができました。

◯「能」の鑑賞から、日本の伝統音楽の特徴とその特徴から音楽のおもしろさに興味をもって聴くことができました。また、「能」や「狂言」についてもインターネットなどで調べ、鑑賞活動に生かすことができました。

△アルトリコーダーの学習では、仲間の音を聴きながら自分の音を合わせて演奏することができるようになってきました。周囲の音に合わせることはアンサンブルの基本となります。さらに息の合った演奏を目指していきましょう。

△合唱活動では、意欲的に歌うことができるようになってきました。さらに合唱を高めていくには、強弱記号などの音楽の記号を理解し、自分たちの表現に生かすことができるようにしていきましょう。

△歌唱表現では、日本民謡やイタリア歌曲、合唱曲などのいろいろなジャンルの曲種に合わせた発声で歌おうと努力しました。曲種に合わせた発声で歌唱するには、曲想を捉え、特徴を理解することが大切です。次学期のさらなるがんばりに期待しています。

■思考・判断・表現

◎「花」の歌唱では、歌詞と旋律の動きの関係を捉え、曲が表す美しい情景を明朗な言葉で歌いたいと願いをもち、発声や強弱、速度を工夫して歌唱することができました。

◎混声4部合唱のア・カペラでは、無伴奏のよさである澄んだ響きを目指し、声の音色の統一や各パートのバランスを、仲間と聴き役をつくり、何度も練習して工夫することができました。

◎歌唱表現では、旋律の動きや転調する楽曲構成から曲想を捉え、曲のよさが伝わるように旋律のリズムを明瞭にしたり、転調での響きを工夫したりすることができました。

◎器楽表現では、アルトリコーダーの音色の特徴を表現しようと、丁寧なタンギングやブレスとともに、フレーズのまとまりを大切にしながら演奏をすることができました。

◎創作活動では、音の順次進行や跳躍進行をうまく組み合わせながら、ハ長調のまとまりある旋律を作曲することができました。また、歌詞をつけて表現することもでき、オリジナル曲の完成に充実感を味わうことができました。

○鑑賞活動では、楽曲のもつ特徴から作曲当時の時代背景や社会の様子を考え、かかわりある歴史事項を調べたり、他のかかわりある作者の作品を鑑賞したりすることができました。

生活 学習 特別活動 特別なニーズ

○歌唱表現では、英語やイタリア語の歌詞に興味をもち、旋律の動きと言葉の関係を意識しながら歌うことができました。原語で歌うことによって、歌うことの楽しさを味わう姿を見ることができました。

△歌唱表現では、楽曲の特徴を捉えて歌うことができるようになってきました。曲想を生かすために、声の音色や響き、歌詞と旋律とのかかわりなどから表現の工夫をさらに考えることが、表現の高まりにつながります。

△アルトリコーダーの学習では、楽曲のフレーズの特徴を理解し、タンギングやサミングを意識して演奏できるようになってきました。曲への理解を深め、演奏につなげていくことは、表現する楽しさにつながります。

△鑑賞活動では、曲を比べて聴いたり、視点をもって聴き取ったりすることに少し苦手意識があるようですが、仲間との意見交流を通して、自分なりの感想をもつことができるようになってきました。

■主体的に学習に取り組む態度

◎器楽表現では、演奏だけでなく、自分が聴いている音楽やふと聴こえてくる身近な音楽とかかわらせて考え、授業での表現活動に生かすことができました。生活の中にある音楽をこれからも大切にしていきましょう。

◎合唱コンクールの取組では、曲想を生かし、テンポや強弱の変化を工夫した美しい響きの合唱にしようと、仲間と一生懸命練習しました。印象深いすばらしい合唱をつくり上げることができました。

◎卒業に向けての合唱活動では、選曲した楽曲に込められた思いと自分たちの思いを重ね合わせ、心温まる合唱にしようとこれまでの学習を生かして練習を進めることができました。

◎器楽表現のリコーダーアンサンブルでは、美しい音色で演奏したいという願いをもち、お互いに息の流れやタンギングを合わせる練習を何度も重ね、息と心が合ったアンサンブルを発表することができました。

◎リズムアンサンブルの創作では、楽器の組み合わせや奏法による音色の違いに興味をもち、楽器の音色が多彩に響き、仲間と楽しく合奏できるリズムアンサンブルを創作し、演奏することができました。

◎交響詩の鑑賞では、楽曲が表す情景や様子に興味をもちながら聴き、聴き取った旋律やリズムなどと結びつけて鑑賞することができました。いろいろな視点から音楽を聴くおもしろさをこれからも大切にしていきましょう。

◎日本の伝統芸能の鑑賞では、自分たちが住む地域の伝統芸能にも興味をもち、伝統音楽を伝承していく人々の思いや願いに共感しながら鑑賞することができました。これからも地域の伝統音楽を大切にしていきましょう。

○ポピュラー音楽の鑑賞では、いろいろなジャンルの音楽に興味をもち、その魅力を探ろうとたくさんの曲を鑑賞することができました。自分のお気に入りの音楽をいろいろなジャンルから見つけていきましょう。

○音楽の授業で学習する、たくさんの音楽用語や記号、曲の構成を一生懸命覚えることができました。覚えた音楽的な知識を、表現豊かな演奏に結びつけていこうとする意欲的な姿も見られました。

△合唱活動では、声を出すことに対して少し苦手意識がありましたが、歌詞の意味や曲の内容を理解することによって、歌で伝えることのよさを感じ取ることができるようになってきました。

△創作活動では、自分の願いや思いなどの根拠を大切にして、音素材を選んだり組み合わせたりすることにやや苦手意識があるようでしたが、キーボードで音をつなげ、短いフレーズをつくることができました。次学期からのさらなる挑戦に期待しています。

△音楽を通して自己表現をすることのよさを感じ取る姿を見ることができました。自分の生活に自分の好みの音楽を取り入れたり、音楽で表現したりする経験を、これからも大切にしていってください。

生活

学習

特別活動

特別なニーズ

美術

■知識・技能

◎絵画の表現活動では、自然物をしっかりと観察し、形や色彩が感情にもたらす効果を考えながら表現することができました。また、美しさや生命感の表現の仕方を全体的なイメージや作風で理解することができました。

....

◎絵画の表現活動では、平塗りや重ね塗り、にじみなどのアクリル絵の具の表現を生かそうと表現方法の試行錯誤を重ねました。主題に応じた表現方法を追究し、よりよく作品に生かすことができました。

....

◎工芸の表現活動では、形や材料の性質や使用する際にもたらす効果について関心をもち、使う人や用いる場所などの多様な視点から考えを広げ、自分の生活とつなげながら理解することができました。

....

◎工芸の表現活動では、形の特徴を基に、使いやすさと美しさをよりバランスよく捉えることの大切さを理解し、より多くの人に喜んでもらえるような作品づくりに取り組むことができました。

....

◎工芸の表現活動では、形や材料の性質や使用する際にもたらす効果を意識しながら試行錯誤を重ねて、多くの人が使いやすい形になるように工夫し、完成までの見通しをもちながら制作することができました。

....

○形や色彩が感情にもたらす効果や、形や色彩の特徴などを生かして、美しさや生命感とを表現した絵画作品のよさを理解して、自分の表現活動に生かすことができました。

....

○絵画の表現活動では、平塗りや重ね塗り、にじみ等の表現方法を身につけ、自分の表したいことやイメージに応じて表現方法を使い分けたり、組み合わせたりしながら工夫して作品をつくることができました。

....

△当初、アクリル絵の具による表現に少し苦手意識がありましたが、一緒に平塗りや重ね塗りなどの表現方法を確認することで、自ら試す場面が増えてきました。今後は、主題とかかわらせながら自分のイメージを表現することへの挑戦を期待しています。

△当初、主題を考えることに少し苦手意識がありましたが、様々な自然物を見つめたり、身近な体験と関連づけたりすることで主題を考えることができました。今後はより主題に迫った表現に取り組むことを期待しています。

△当初、主題と表現をつなげて考えることに苦手意識がありましたが、仲間の意見を聞きながら、単純化や省略、強調といった表現によって主題に迫る方法を知ることができました。今後は自らの工夫で表現に取り組むことを期待しています。

■思考・判断・表現

◎絵画の表現活動では、自然物を深く見つめて感じ取ったことや、形や色彩の特徴と美しさや生命感などから主題を生み出し、効果的に形や色彩の単純化や省略、強調の組み合わせを考え、自分のイメージに近づく表現の構想を練ることができました。

◎工芸の表現活動では、使う人や用いる場所などから主題を生み出し、主題をよりよく表現するために、形や材料の性質や使用する際にもたらす効果を多様な視点から考え、より使いやすい作品づくりに向けた構想を練ることができました。

◎工芸の鑑賞活動では、材料の特徴や使う人、用いる場所などの視点から作品を鑑賞し、作者の意図と工夫について幅広く考えました。また、生活の中のデザインの役割を多様な視点から考えて見方や感じ方を深めることができました。

◎絵画の鑑賞活動では、多様な視点に立って、形や色彩のよさや美しさをより深く感じ取り、作者の心情と表現の工夫を関連づけて考えるなど、見方や感じ方を広げながら自分の美意識を高めることができました。

◎工芸の鑑賞活動では、多くの作家や仲間の作品を鑑賞する中で、調和のとれた美しさを感じ取り、自分なりの根拠をもって作者の意図を考えるなどして美意識を高め、作品の見方や感じ方をさらに広げることができました。

○絵画の表現活動では、自然物を見つめて感じ取ったことを基に、想像や感情といった心の世界から主題を生み出し、形や色彩の単純化や省略、強調など表現方法の組み合わせを考えながら作品の構想を練ることができました。

○鑑賞活動では、多くの作家の作品を鑑賞し、それらの作風から作者の心情と表現の工夫を考え、自分の言葉でまとめることができました。活動の中で、自分の美意識を高め、これまでの見方や感じ方を広げることができました。

△当初、主題をアクリル絵の具で表現することに苦手意識がありましたが、仲間からの意見を聞き、形を単純化、強調することで主題に迫る表現ができることに気づきました。この経験をよりよい表現につなげていくことを期待しています。

△当初、工芸の表現活動に少し苦手意識がありましたが、生活の中で使われている用具の形や材料について考え、見つけたことをノートに書く中で、しだいに関心をもつようになりました。

△当初、工芸の鑑賞活動に少し苦手意識がありましたが、身近な体験から使う目的や条件を考えていくことで、見つけたことをノートに書けるようになりました。今後はそれらを話し合いの中で発表できるようになることを期待しています。

■主体的に学習に取り組む態度

◎絵画の表現活動では、自ら進んで活動に楽しくかかわり、常によりよい表現を目指して、形や色彩が感情にもたらす効果を追究したり、自分のイメージを作品でどう表現するかを様々に工夫したりしていました。

◎絵画の表現活動では、独創的な視点から作品の構想を練ろうとしたり、主題を表すために形や色彩の単純化や省略、強調の試行錯誤を重ねて表現を工夫したりと、意欲的に生き生きと制作に取り組んでいました。

◎工芸の表現活動では、主体的に作品づくりに取り組みました。使いやすさと美しさの両立を目指そうと、形や材料の効果についての知識を活用して様々な工夫を凝らしながら制作に取り組んでいました。

◎工芸の表現活動では、独創的な視点から表現の構想を練り、使いやすさを求めて自分なりの工夫を凝らしながら試行錯誤を重ねていました。また、見通しをもって、粘り強く制作に取り組むことができました。

◎絵画の鑑賞活動では、形や色彩がもたらしている効果を感じ取ったり、作品全体のイメージから作者の心情や意図、工夫を感じ取ったりすることに関心をもち、気づいたことを自分の言葉でまとめて発表するなど積極的に取り組むことができました。

◎工芸の鑑賞活動では、主体的に学習に取り組み、独創的な視点で形や色彩がもたらす効果と目的や機能との調和の取れた美しさを感じ取ることができました。多くのデザイン作品がもつ個性やよさを考えながら鑑賞することができました。

◎鑑賞活動では、進んで仲間の作品や作家の作品を鑑賞し、新しい視点を探しながら作品のよさや美しさを感じ取ろうと取り組みました。そうした活動を通し、自分の美意識を高め、見方や感じ方を広げようと努力することができました。

○絵画の表現活動では、アクリル絵の具で表現することを楽しみながら、様々な角度から自然物を観察して構想を練りました。自分のイメージに近づけようと形や色彩の単純化や省略、強調といった表現方法を工夫して制作することができました。

○鑑賞活動では、作家や仲間の作品から、その形や色彩のよさや美しさを素直に感じ取りました。また、作者の心情や意図と創造的な工夫をつなげながら考えることで、見方や感じ方を広げることができました。

△学期のはじめのころは、作品交流で自分の感じたことを自ら発言できないときもありましたが、学習を進めていく中で自信を深め、仲間の表現のよさを積極的に伝えることができるようになりました。

△当初、工芸の表現活動に少し苦手意識がありましたが、身近な生活の中で使われている用具を見て、その用具の工夫をノートに書けるようになりました。今後はその気づきを生かし、自ら工芸の表現活動に挑戦していくことを期待しています。

△当初、工芸の鑑賞活動に少し苦手意識があったようですが、形や用いられた材料、使いやすさなどの視点から一緒に作品を鑑賞することで、発見したことをノートに書けるようになりました。今後は仲間との交流の中で意見を発表することができるようになることを期待しています。

生活

学習

特別活動

特別なニーズ

■知識・技能

◎バレーボールでは仲間の能力や特徴に応じてポジションを的確に決め、三段攻撃ができるように連携プレイを行うことができました。学習したことが確実に理解へと結びついています。

◎水泳では、腕や脚などの部分練習や能力別グループ練習を通して、効果的な泳法を身につけることができました。粘り強く学習に取り組むとともに、毎日コツコツと努力していることが大きな力となっています。

◎平均台運動では、正しい姿勢を意識しながら取り組み、発展技である片足立ちからのターンをスムーズに行うことができました。できること、わかることに喜びを感じながら積極的に学習した成果です。

◎柔道の試合では、相手の動きをよく捉えて構えを崩し、素早い攻めで一本をとることができました。普段の学習に対する熱意と努力が実り、相手の動きの変化に応じた攻防の技術が身につきました。

◎創作ダンスでは、即興表現とテーマ表現のどちらの表現も、変化をつけた流れや緩急強弱のある動きで、空間をうまく使って表現できました。ダンスの楽しさをクラスのみんなに示してくれました。

◯軟式庭球では素振りを数多く行い、慣れることで自信をもって球を打ち返すことができるようになりました。コースの打ち分けにも挑戦するなど、日頃コツコツと積み重ねた努力が実を結びました。

◯リレー練習では、単にバトンパスをスムーズに行うだけでなく、次走者のスピードが十分高まったところで受け渡しをする目標を達成しました。これからも◯◯さんの努力の積み重ねを期待しています。

△バドミントンでは、苦手意識をもちながらも、ペアでのラリーが少しでも長く続くように努力する姿が見られました。学習カードに授業での要点を整理していくと深い理解に結びついていくので、ぜひ取り組んでみてください。

△ソフトボールの投球では、徐々に長い距離でも相手の胸に投げることができるようになりました。あとは、腰を低くして体の正面で捕球することができるようになると、さらに成長できると思います。

△バスケットボールは少し苦手な種目ではありましたが、相手が受け取りやすいパスやシュートにもっていけるパスを心がけていました。あきらめずに練習を続けることで技能が身につき、自信をもてるようになります。次学期以降の取組にも期待しています。

■思考・判断・表現

◎仲間と運動する場面で、体力差に配慮した補助の仕方を見つけたり、実生活で継続しやすい運動を選んだりすることができました。まわりのみんなが気づかないことや考えなかったことを考え、みんなを感心させたり、驚かせたりしました。

◎跳び箱運動では、着手位置や姿勢などの条件を変えて跳び越すことに取り組み、発展技の前方倒立回転跳びでは仲間から拍手をもらいました。常に新しい考えや方法を取り入れようとしています。

◎マット運動の連続技では、自分の能力に応じて、よりスムーズにできる技の組み合わせ方を見つけることができました。自分から進んで努力するその学習態度に、友だちも感心しています。

◎サッカーのミニゲームでは、オープンスペースを活用するため、声を出してからパスすることを心がけていました。このような積極的な取組が、学級全体の学習にもよい影響を与えてくれています。

◎ダンスでは、自分に与えられた役割をこなしてしっかり踊り、作品鑑賞では各グループの特徴やよい点を的確につかむことができました。思ったことや疑問に感じたことをよく発言する姿に感心しています。

○ハンドボールでは、ゾーンディフェンスの動きの課題について、グループ全体で考えることができました。友だちが発表しているときには、自分の考えとどこが同じで、どこが違うのかを考えながら聞き、理解を深めました。

○バスケットボールでは、試合の作戦を決めるとき、グループのメンバーの一人ひとりの意見をよく聞いていました。自分と同じ考えに対しては、賛成の意見を述べることができました。

△サッカーでは、学習課題を見つけたり、その課題の打開策を考えたりすることにやや苦手意識が見られました。深く掘り下げて考えることが大切です。次学期以降のがんばりに期待しています。

△創作ダンスでは、テーマが自分のやりたいことではなかったこともあり、グループでの話し合いに前向きに参加することができませんでした。友だちの考えとの違いをきちんと自分の言葉で説明できると楽しく授業に取り組めます。今後の取組に期待しています。

△ソフトボールの戦術について、自分の考えと比べながら最後まで友だちの話を聞くことができました。友だちの考えのよいところを取り入れることができると、さらに理解を深めることができるので、今後の学習に生かしていってください。

■主体的に学習に取り組む態度

◎走り高跳びには多くの跳び方があることを知り、特有の動きのポイントをつかむことで、様々な跳び方を試しながら楽しく取り組むことができました。学ぶ意欲が旺盛で自分一人でもコツコツと取り組むことができるので、上達が早いです。

◎テニスの班別練習では、友だちに少しでも進歩が見られた際、具体的に「ここがよくなったよ」と声をかけ、学習意欲が高まるような雰囲気をつくり出していました。自分の考えを堂々と伝えられることは立派です。

◎バスケットボールのリーグ戦では審判を率先して担当し、自信をもって大きく笛を鳴らしながらゲームをコントロールしました。難しいことでも尻込みせずに挑戦しようとする意欲がすばらしいです。

◎今までの学習の積み重ねでチーム内で教え合う習慣が身につき、チームの中心として仲間から信頼されています。発言が認められるたびに自信が増して、さらに意欲的に取り組めるようになりました。

◎ハンドボールでは、安定したボール操作でチームに貢献し、勝敗を競い合う楽しさや喜びを味わいました。自分で考えたことを進んで実践することで、学習の楽しさがより深くわかってきました。

◎リレーでは、仲間に対して技術的な課題や有効な練習方法の選択を指摘し、タイムを縮めることに貢献しました。気づいたことをみんなの前でしっかりと発表できるため、常にクラス全体の学習をリードしています。

◎水泳では、腕や脚などの部分練習や能力別グループ練習を通して、効果的な泳法を身につけることができました。地道なドリル練習も嫌がらず努力して、基礎基本となる部分は確実に身についています。

○体つくりでは、運動することの楽しさや心地よさを、心や体でコミュニケーションをとりながら味わうことができました。意欲にあふれ、1時間1時間を大切にして学習に取り組んでいます。

○相撲で審判になったときには、迷いを見せないように大きな声で勝ちを告げることができました。何事にも挑戦してみようとする前向きな姿勢にはすばらしいものがあります。

△学期のはじめのころは、体育の授業に積極的に参加できないときもありました。学習を進めていく中で徐々に自信を深め、どんな運動にも前向きに参加することができるようになってきました。

△長距離走が苦手な種目だったため、はじめのころはなかなか前向きに取り組めませんでした。しかし、リラックスした走りとともに、呼吸法を意識することで自分なりの走り方を見つけ出し、楽しみながら取り組めるようになりました。すばらしい成長です。

△走り高跳びの記録会では、割り当てられた役割に自主的に取り組むだけでなく、スムーズに行うことで活動時間の確保に努めました。今後は、技能を向上するために、失敗したときに何が足りなかったのかをしっかり考え、成果につなげてほしいと思います。○○さんなら必ずできます。

一生活

学習

特別活動

特別なニーズ

技術・家庭

■知識・技能

◎インターネットの仕組みを理解しており、情報を収集したり活用したりする能力が高く、班員からの質問に答える場面が数多く見られました。また、情報モラルやセキュリティ対策に関する知識もあり、安全にコンピュータを使うことができました。

◎デジタル作品の制作では、プレゼンテーション作成ソフトウェアを用いて、様々な技巧を凝らした作品をつくることができました。著作権についても適切な判断ができています。

◎プログラムによる計測・制御の学習では、情報処理の手順とプログラムを考えながら、目的に応じた分岐処理プログラムを、フローチャートを用いて少ない数で正確に表すことができました。

◎保育園での体験実習では、幼児の遊びや遊び道具、遊びと心身の発達のかかわりなどについて、観点に基づいてしっかりと観察し、丁寧に整理することができました。また、幼児の遊びの観察を通して、幼児に関心をもつことができました。

◎物資・サービスの選択、購入および活用に関する知識を生かしながら、必要な情報を収集・整理することができました。また、消費者トラブルに関する知識を身につけることができました。

○デジタル作品の制作では、HTML 言語を用いて、web ページを作成しました。修学旅行で訪れた京都や奈良の様子を、画像を用いてわかりやすく伝えることができました。

○幼児にとっての遊びは生活そのものであり、身体の発育や運動機能、言葉、情緒、社会性などといった、生きていくための基礎となる力の発達を促していることに気づき、理解することができました。

△センサーを使ったプログラムの学習では、はじめは思い通りに動くようなプログラムをなかなかつくることができませんでした。しかし、仲間からの助言を生かして考え直し、完成させることができました。

△保育園での体験実習では、幼児の遊びや遊び道具、遊びと心身の発達のかかわりなどについて、観点に基づいて観察することができませんでした。しかし、他の生徒と協力することで観察し、内容を整理することができました。

....

△よりよい消費生活を送れるよう、自分の消費行動を振り返るときに、複数の視点から検討することに難しさを感じていたようです。学習を進めるにつれて、徐々に理解することができるようになりました。

■思考・判断・表現

◎情報モラルに関するレポートの作成においては、インターネットを用いて的確な情報を集めることができました。また、わかりやすいレポートになるよう、情報を精選し、イラストを入れるなど工夫する場面も見られました。

....

◎自分の制作した作品をしっかりと評価し、次の制作に生かせるようにするために、他の生徒の意見を踏まえて考え、まとめることができました。また、情報に関する技術と未来とのかかわりについて、自分なりに考えることができました。

....

◎幼児の心身の発達に応じたおもちゃや遊び方について考え、工夫することができました。特に、怪我をしないように遊べるよう改良したり、幼児が興味をもてるデザインにしたりするなどの工夫が見られました。

....

◎商品の選択と購入について収集・整理した情報を活用して、物資・サービスの選択や購入、活用についてグループの仲間と意見を交流し、自分の考えを深めることができました。

....

◎消費生活に関する問題解決のための具体的な計画を、手順に沿って自分なりに工夫することができました。また、実践の成果と課題について、わかりやすくまとめ、発表することができました。

....

○デジタル作品の制作では、自分がつくりたい作品を考え、制作工程をまとめることができました。また、おもしろく伝えることができるよう、内容を工夫しようとする姿が見られました。

生活

学習

特別活動

特別なニーズ

○自分や家族の消費生活をもとにして、環境アクションプランを考えたり、実践を通して自分なりに工夫したりすることができました。また、消費生活と環境とのかかわりについて考えることができました。

△インターネットを用いて情報セキュリティ技術について調べるときに、webページから時間をかけて適切な情報を見つけ、まとめることができました。今後は情報を少しでも早く取捨選択できるようになることを期待しています。

△センサーを使ったプログラムの学習では、与えられた課題をクリアできるプログラムをなかなかつくることができませんでした。粘り強く取り組み、試行錯誤の末によりよいプログラムに修正することができました。

△防災マニュアルの作成を課題に設定しましたが、家の中を点検するなどの計画をうまく工夫することができませんでした。学習していく中で、他の生徒の助言を参考にして、計画とこれからの課題を自分なりにまとめることができました。

■主体的に学習に取り組む態度

◎コンピュータの仕組みについて、自分で調べてきたことを発表するなど、高い意欲をもって取り組むことができました。またレポート作成は、わかりやすく仕上げるために、だれよりも一生懸命取り組んでいました。

◎ナスを育てるために、毎日の水やりを欠かさず行いました。また、記録をこまめに取るなど、ナスの成長する様子に強い関心をもって観察に取り組みました。収穫のときにだれよりも喜ぶ姿が印象的でした。

◎発電方法や特徴、仕組みについてレポートに丁寧にまとめることができました。特に、太陽光発電について、インターネットや図書館の本を使って様々な資料を積極的に集め、まとめることができました。

◎他の生徒に意見を聞いたり、プログラムを見比べたりすることで、よりよい作品になるように、完成に向けて積極的に取り組む姿が見られました。また、他の生徒に教えるなど、仲間との学び合いに対する積極的な姿勢も見ることができました。

◎家庭生活と地域とのかかわりに関心をもち、地域の活動などを積極的に調べることで、地域の人々とのつながりの大切さに気づくことができました。また、自分と家族や家庭生活について関心をもって学習に取り組もうとする姿が見られました。

◎消費生活と環境の学習に強い関心をもち、授業に意欲的に参加しました。特に、自分や家族の消費生活を振り返り、これからの生活に生かそうとする姿勢は、他の生徒の見本にもなる立派なものでした。

◎これまでに学習したことを生かして、自分や家族の生活に関心をもち、よりよくするための課題はないか考えようとする姿が見られました。また、他の生徒の発表を聞くことで、自分の実践の改善点はないか、意欲的に考えることができました。

○計測・制御の仕組みについて、センサーとコンピュータとのつながりやインタフェースの役割をノートにまとめることで、それぞれの働きを理解しようと努力することができました。

○幼いころの成長を振り返り、自分の成長や生活は、家族やそれにかかわる人々に支えられてきたことに気づくことができました。また、簡単なおもちゃの制作を通して、幼児に関心をもつことができました。

△デジタル作品の制作では、プレゼンテーション作成ソフトウェアを用いて制作をしました。様々な機能に戸惑い、作業がなかなか進みませんでしたが、仲間からの助言を参考に粘り強く制作に取り組む姿が見られました。

△保育園での体験実習では、観点に基づいて観察を行ったり、幼児と触れ合ったりすることに抵抗を感じていましたが、徐々に意欲と関心が高まり、幼児と適切にかかわろうと努力する姿が随所に見られました。

△消費生活にかかわるトラブルなどを解決する方法を、グループ活動を通して考えました。自分から意見を述べることには少し抵抗があったようですが、他の生徒の意見をしっかり聞く姿から、自分の消費生活のあり方も改善していこうという意思が見て取れました。

生活

学習

特別活動

特別なニーズ

外国語

■知識・技能

◎英語の授業では、学習した現在完了形を使って、自分の今までの経験や自分の好きなことにどのくらいの間取り組んでいるかなどについて、相手に的確に伝えることができました。

◎英語の授業では、まとまりのある長さの英文を聞き、全体の概要や内容の要点を的確に聞き取ることができました。また、聞き取った英文の内容を自分なりにわかりやすく要約することができました。

◎英語の授業では、学習した文法を意識しながら教科書の内容を読み、正確に理解することができました。また、読んだ内容の要点を的確に捉え、わかりやすく要約することができました。

◎過去完了形に関する知識を正確に身につけ、教科書の内容から日本の文化について知識を深めることができました。また、学んだことを受け身の文を用いて的確に英語でまとめることができました。

◎これまでに中学校で学習した英文法を正確に身につけることができています。その知識を用いて、これまでの中学校生活について正確に英語で文章にまとめ、発表することができました。

○関係代名詞（that、which、who）に関する知識を身につけ、自分の知っている人やものについて詳細の情報を加えて、英作文で表現したり相手に説明したりすることができました。

○現在完了形に関する知識が身についています。継続している物事や経験してきたことについて英語で表現し、現在完了形を用いて自分自身のことについても英作文で表現することができました。

△英語では、現在完了形の学習にやや苦手意識をもっているようですが、授業で学習した例文を使いながら問題に取り組むことができました。3つの用法を覚えて、使い分けをできるようにしていきましょう。今後の取組に期待しています。

△英語の授業では、まとまりのある長い英文を読んだり聞いたりすることにやや苦戦している様子が見られました。もう少し短い文章から始め、徐々に長い文章に取り組んでいくとしっかり力がつくはずです。今後のがんばりに期待しています。

△英語では、関係代名詞の学習に苦手意識をもっていましたが、who、which、that をどのように使い分けするのかを理解することができるようになりました。主格・所有格どちらの関係代名詞を使うのか判断できるようにしておきましょう。

■思考・判断・表現

◎あるテーマについて、学習した文法を使い、自分の意見を賛成または反対の立場から英語で作文することができました。また、友だちと話し合い、相手に自分の意見を的確に伝えることができました。

◎It ～（for A）＋ to…を的確に使いながら、自分にとって難しいことや楽しいことをテーマにして、ペアやグループ活動で積極的に話し合うことができました。また、相手の話を聞いて感想を伝える様子も見られました。

◎後置修飾を用いて、ロボットとの暮らしをテーマに自分の意見を英語で正確に表現し、発表することができました。また、友だちとテーマについて議論し、自分なりに工夫して相手に意見を伝える様子が見られました。

◎ Could you tell me～？を使って、正確に道を尋ねたり、道を案内する会話をしたりすることができました。外国人に道を聞かれる場面を想定した授業では、自分なりに工夫をしながら、的確に道順の説明をすることができました。

◎学習した〈動詞（want、tell、ask、help）＋A＋ to～〉を使って、人に行動を促す文を英語で正確に表現することができました。電話での会話を想定した授業では、相手に正確に申し出や依頼をすることができました。

○英語の授業では、Would you like～？を使って、相手に物事を丁寧に依頼する・すすめる表現を身につけ、ペアやグループで相手の意見を聞きながら会話をすることができました。

○英語の授業では、新しく学習した文法を使って、様々な場面を想定しながら、ペアやグループで簡単な会話をすることができました。また、相手の話を聞いて質問をする様子も見られました。

△英語では、身につけた知識を実際の場面を想定して表現しようと努力する姿が見られました。自分の意見や考えをより正確に伝えるために、基本文や会話表現を確実に身につけていきましょう。

△英語に少し苦手意識をもっているようですが、日常生活でよく使われる表現や語句を中心に復習すると、苦手意識は徐々にとれてくるはずです。より豊かな表現力を身につけられるよう一緒にがんばっていきましょう。応援しています。

△英語では、電話での会話や道案内の場面での会話表現を一生懸命に練習しました。文の意味を考え、区切りをつけるとさらによくなります。基本表現を覚え、繰り返し練習していきましょう。

■主体的に学習に取り組む態度

◎英語の学習に熱心に取り組んでいます。教科書の内容を読んで外国の文化について深く理解するだけでなく、より知識を広め深めようと、自ら外国について調べることができました。

◎日頃から英語の学習に意欲的に取り組んでおり、授業内のペアやグループでの会話では、身につけた知識を取り入れながら活発な会話をしようと積極的に働きかける姿が見られました。

◎英語の授業では、自ら単語を辞書で調べたり、先生や友だちにわからないことを質問したりしながら、自分の意見や考えをレポートとして英語でわかりやすくまとめることができました。

◎ALTと話す活動では、質問されたことに答えるだけでなく、自分で意見や先生に対する質問をつけ加えるなどして、先生の質問から会話をつなげようとする前向きな姿が見られました。

◎英語の学習に対する関心が高く、自分のもっている知識や意見を英語で適切に表現することができます。また、表現したことを積極的に発表したり、友だちに伝えたりすることができるのが○○さんのよさです。

○英語の授業では、質問する場面や依頼を聞く場面など、様々な場面を想定した英会話に取り組みました。ジェスチャーも織り交ぜながら、友だちと楽しく会話をすることができました。

○英語の学習に前向きな姿勢で、授業内での活動に一生懸命に取り組んでいます。また、授業内だけでなく、学習したことをノートに書き留めたり、友だちに質問したりする姿が見られました。

△3年生になって、英語を学習することの楽しさを味わうことが少しずつできるようになってきました。毎時間のスモールトークでは、英語を用いて友だちと簡単な会話を楽しんでいます。間違いを恐れず、どんどん英語を使っていきましょう。

△学期のはじめのころは、英語の学習に苦手意識をもっているようでしたが、ノートにメモを取りながら、わからないところや不安のあるところを練習する姿が見られるようになりました。継続することでさらにたくさんの知識を身につけていってほしいと願っています。

△英語の授業では、苦手意識を感じつつも、熱心に活動に取り組むことができています。正確な知識を身につけるためにも、基本的な表現について復習して、さらに力を伸ばしていきましょう。次学期の飛躍に期待しています。

△英語の授業では、ALTと会話をする活動に少し苦手意識があったようですが、質問されたことにジェスチャーを用いながら答えるなど、会話をつなげようと自分なりに努力する姿勢は立派でした。次学期は、自信をもってどんどん会話に挑戦していってください。

△わからない単語や熟語を辞書で調べたり、先生や友だちに聞いたりすることができました。また、英語に対する苦手意識を克服しようと、ノートに何度も単語や本文の英文を書いて覚えようとするなど、努力にはすばらしいものがありました。

特別の教科　道徳

●友だちと自分の考えを比べることの大切さに気づいた生徒

　道徳の時間は、毎時間、友だちの意見を傾聴して、自分自身の考えや生き方を振り返ることにより、相手の気持ちや立場を理解することが大切だという発言や記述をするまでになりました。特に「卒業文集最後の二行」の教材では、相手の気持ちを考えながら、後悔のない生き方をしたいという思いをもつようになりました。

　前半は生徒の学習状況の変容について、後半でどのような道徳性の成長が見られたかについて具体例を交えて記述しています。

●ペアや小集団学習での話し合いに意欲的に取り組んだ生徒

　社会参画や集団生活の向上に関する学習では、ペアや小集団での話し合いを通して、様々な視点から考え、思いやりの心をもって人と接することが大切だという考えをもつまでになりました。特に「鳩が飛び立つ日―石井筆子」の教材では、主人公の行動力から「だれかのために自分ができることを一生懸命やりたい」と記述しました。

　対話活動を通して、その生徒の学習状況がどのように変容し、どのような道徳性が成長したのかを詳しく記述することが大切です。具体例もあると効果的です。

●役割演技を通して、道徳的心情を深く考えた生徒

　今学期は、何度も役割演技の演者となり、登場人物の心情を深く考えることができました。教材「二通の手紙」の学習で、主人公の葛藤する心情を、自分に投影して考え、規則は何があっても守るべきものであるという発言をするなど、遵法の精神についての考え方が大きく変わってきました。

　中学３年生においても体験的な学習である役割演技を取り入れ、登場人物の心情を深く考えさせることが必要で、上記のような所見を作成することができます。

●思考ツールを活用して話し合いを進めることができた生徒

　小集団での対話活動の際に、進んでファシリテーターを務め、イメージマップやマトリックスなどの思考ツールを適切に活用することにより、多様な考えをうまく整理したり、分類したりすることができるようになりました。

　この文例では、ファシリテーションに思考ツールを活用した生徒の学習状況のみに絞って記述しています。

●多面的・多角的な考え方をすることができるようになった生徒

　思いやりや親切などに関する学習で、登場人物を自分に置き換えたり、別の立場で考えたりすることで、自分の行動を多面的・多角的に考え、謙虚に他者に学び、自らを高めていくことの大切さに気づくまでになりました。特に教材「足袋の季節」では、思いやりをもってまわりと関わっていこうという意欲が高まりました。

　道徳の授業の中で、意図的に多面的・多角的な発問をするようにし、生徒の考え方を深めていくことが必要です。そして、その活動を丁寧に見取ることが大切です。

●Aの視点の学習において道徳性の成長が見られた生徒

　主として自分自身に関する学習では、友だちの様々な意見を聞きながら、何が問題だったのか、自分だったらどうするのかを考えました。自分の行動に責任をもち、誠実で望ましい態度で生活することの重要性に気づき、これからの自分のあり方を考えるまでになりました。

　Aの視点は、自分に関わる内容項目であるので、自分自身についてどのように考えるようになったかという成長を記述するようにします。

●Bの視点の学習において道徳性の成長が見られた生徒

　相互理解や寛容など主として人との関わりに関する学習では、日頃の自分の言動を思い返したり、様々な立場になって考えたりするなど、友だちの考えを真剣に聴いていました。そして、差別や偏見のない社会を築いていくためには、相手を理解しようと思う気持ちが大切であると考えるまでになりました。

　学習状況の様子を見取る際には、どうしても議論途中の発言やワークシートの記述を中心にしがちですが、聴くという基本的な活動にも目を向けることが大切です。

●価値理解について成長が見られた生徒

　生命や自然に関する学習では、教材「命の詩」を読んで精いっぱい生きるとはどういう生き方をすることなのかを友だちと議論したり、人間と自然や動植物との共存のあり方を考えたりしながら、命や自然の尊さへの理解を深めました。

　道徳性を養うための基礎となる価値理解についても生徒に成長が見られる場合には、その成長を励まし、伸ばしていくような記述を積極的に行います。

●Cの視点の学習において道徳性の成長が見られた生徒

　勤労、家庭生活や集団生活の充実に関わる学習では、係や委員会に取り組む姿勢や、子どもを思う母親の思いについて多面的に考え、学級全体での議論において、自分の考えを率直に述べることができました。そして、「自分も学校や学級のために何かをしたい」と道徳ノートに記述するまでになりました。

　生徒の道徳性の成長を把握するためには、道徳ノートやワークシートを定期的に確認することが大切です。その中で、成長を感じられる言葉をチェックします。

●Dの視点の学習において道徳性の成長が見られた生徒

　生命尊重に関する学習では、p4c（子どものための哲学）による対話を通して、生命の尊さを理解し、かけがえのない生命を尊重することが大切であると考えました。特に「ハゲワシと少女」の教材では、「１人の命を助けることも大切だが、その危機的な状況を世の中の人に伝え、多くの人の命を救うことも大切だ」と記述しました。

　p4cとは、子どものための哲学のことで、テーマを決めて車座になり、探究的な対話活動を行う学習方法です。

●ゲストティーチャーの言葉から深く考えることができた生徒

　思いやりや感謝、親切に関する学習で、ゲストティーチャーの現実的な話を聴き、道徳的価値を実現することの難しさを自分のこととして捉え、じっくりと考えることができました。特に、教材「償い」の学習では、自分の置かれた状況だけでなく相手の気持ちや立場などを考えて行動することの大切さに気づくまでになりました。

　ゲストティーチャーの言葉は現実的で、インパクトがあるため、心が動かされる生徒が多いので、その時間の記述や発言はしっかりと記録しておくようにしましょう。

●問いの設定に意欲的に取り組んだ生徒

　教材「ハゲワシと少女」のような写真教材から問いを設定する活動に意欲的に取り組み、自分の疑問や驚きを基にして、自ら問いを立てるとともに、教材の内容のどこに問題があるのかを探究的に話し合うことができるようになりました。

　問題解決的な学習において最も重要な問いの設定段階のみに絞った学習状況の評価を具体例に基づいて示しています。

●アスリートや偉人を扱った教材から道徳性の成長が見られた生徒

　強い意志や真理の探究などの学習では、著名なアスリートや歴史上の偉人と自分とを比較しながら、探究心や困難を乗り越える強い意志をもち続けられない自分の弱さに向き合いました。そのうえで、自分はどう生きていくのかを自問自答し、夢や目標に向かって努力できる強い人間になりたいという思いをもつまでになりました。

　こうした教材を扱った際には、この文例にあるように人間理解の部分をクローズアップして記述すると、生徒の道徳的な成長が明白になります。

●アクティブな対話活動を通して成長が見られた生徒

　人との関わりをテーマとした学習では、ブレインストーミングやポスターセッション等の話し合いを通して、自分と違う立場や感じ方を理解しようとする発言や記述が見られるまでになりました。特に「一冊のノート」の教材では、家族との関わりの中で自分自身の立場を考えながら、積極的に関わっていこうとする意欲が見られました。

　アクティブな対話活動が増えている道徳の授業の中では、その発言や考え方をポートフォリオやエピソード評価などから丁寧に把握しておくことが必要です。

●ポートフォリオから自分の成長を深く考えるようになった生徒

　各学期に行っている一枚ポートフォリオを有効に使い、学習前と学習後の自分の考え方の変化を客観的に捉えることができるようになり、「震災は自分には関係ないと考えていたが、困難な状況になったときの人としての生き方を学ぶことができ、もっと多くを知りたい」と探究への意欲を見せるようになりました。

　各学期や年間に行っている授業の振り返りの中でメタ認知的な自己評価をすることができる生徒について、このような記述をすることができます。

●ジレンマ教材を活用した学習で道徳的な成長が見られた生徒

　困難な状況でどちらの行動を選択したらよいかを迷う主人公の考え方を批判的に捉え、自分ならばどうするかを深く考えました。その結果、自分をどれだけ生かすことができるかで判断すべきであると発言するようになりました。

　二項対立的なジレンマ教材を使用したときには、そこから何を学んだかを中心に記述するようにします。

●主に「自主、自律、自由と責任」に関する道徳性の成長が見られた生徒

「自己を見つめる」というテーマの学習において、教材の中の登場人物の考え方に深く共感するとともに、ペアの友だちの考えを自分の考えに取り入れることにより、周囲に流されず、誠実な行動をしようとすると、自分自身が不利になることがあるが、相手を思う気持ちがあれば、必ず実行できると考えるようになりました。

テーマを設定した学習は、数時間の道徳授業を1つの小単元として構想します。その数時間の授業の様子から評価を行います。

●主に「節度、節制」に関する道徳性の成長が見られた生徒

自分の生活を考える学習では、振り返りの時間に、友だちと一緒に普段の生活の中で続けている生活習慣を見直したり、毎日の生活の中で始めてみたいと考えていることを紹介し合ったりして、当たり前の生活を徹底していこうという意欲をもつに至りました。

このような内容項目に関連する学習の場合には、自分の生活にそのまま結びつくような活動を行い、どれくらい意欲が高まったかを中心に見取ります。

●主に情報モラルをテーマにした学習で道徳性の成長が見られた生徒

情報モラルをテーマとした学習において、SNSのシミュレーションを繰り返すことにより、相手の顔が見えない分、感情が昂ぶってしまうことに気づきました。特に、教材「言葉の向こうに」の学習では、「自分も同じようなことを無意識のうちにやっていたので、相手を考えてSNSを使いたい」と記述するまでになりました。

情報モラルを扱った授業では、学級活動的な内容になることがよくあります。自分自身を見つめていくような展開を工夫し、どのような納得解をもったかを評価します。

●主に「真理の探究、創造」に関する道徳性の成長が見られた生徒

教材「ジョイス」の学習では、誤審をした審判の思いを役割演技の中で堂々と表現し、それまで選手側の考えしかなかった級友の考えが大きく動きました。感情に流されることなく真理を探究しようとする姿勢の大切さを深く学んだ時間でした。

この文例は、「大くくりの評価」になっていません。評価文の最後にエピソードとしてつけ加えるようにして活用してください。

●性的マイノリティーを扱った教材を中心に成長が見られた生徒

　差別や偏見を考える学習において、当事者のインタビュー動画を基にした議論により、相手のことを知らないから差別や偏見が生まれることを実感し、詳しく知ろうとする意欲をもつようになりました。特に、教材「だから歌い続ける」の学習ではLGBTの当事者である歌手の苦悩を自分のことのように考えました。

　このような現代的な課題を扱った学習では、動画等のリアルな資料が生徒の心を動かします。そこを捉えて、道徳性の成長を見取ることが求められます。

●いじめをテーマにした学習において道徳性の成長が見られた生徒

　一年を通して、いじめをテーマとした学習に意欲的に取り組み、3学期の教材「卒業文集最後の二行」の学習では、「いじめは、被害者だけでなく、加害者もずっと心の傷をもって生きていかなくてはならず、あってはならない行為である」と学級全員の前で堂々と発言するまでになりました。

　いじめをテーマにした授業では、できるだけ具体的にどのような考えをもつに至ったかを知らせることが大切です。表面的なものにならないように注意が必要です。

●主に「よりよく生きる喜び」に関する道徳性の成長が見られる生徒

　今学期は、教材「二人の弟子」や「償い」の学習を通して、弱い自分、醜い自分とは何かを考えるとともに、そこを超えていくためには周囲への感謝と損得を抜きにした利他の思いが必要であるということに気づくまでになりました。ワークシートいっぱいに書かれた振り返りの言葉が深い学びを表しています。

　この内容項目は、人間理解を基にしているため、どれだけ自分の弱さや醜さを認識できたかということが評価のポイントとなります。

●主に「友情、信頼」に関する道徳性の成長が見られた生徒

　「いつも一緒に」等の教材の登場人物の葛藤を自分の悩みと重ね合わせ、どのように解決したらよいかをホワイトボードミーティングで話し合い、過去ばかり見るのではなく、未来をともに考えることから始めるべきだと発言するまでになりました。

　この教材のように、物語性の強い教材は、今の自分を登場人物に重ね合わせる投影的な発問から生徒の道徳性を育て、どのような考えに変容したかを捉えます。

●主に「社会参画、公共の精神」に関する道徳性の成長が見られた生徒

　3学期に行った震災に関わる学習において、教材に登場する実在の人物の逆境に強く、弱者に優しい生き方に共感し、「自分も社会や多くの困っている人のために役に立ちたい」と道徳ノートに記述するまでになりました。この思いは、生徒会が行っている被災地へのボランティア活動に大きな影響を与えました。

　道徳の授業は、他教科や領域と大きく関連しているので、そのつながりを評価することも極めて重要なことです。他の教員からの情報を収集するようにしましょう。

●主に「勤労」に関する道徳性の成長が見られた生徒

　勤労や社会参画に関わる学習において、地元の職業人からのメッセージから、働く意義について深く考えるようになり、「自分自身の夢の実現や生活するために働くと考えていたけれども、本当は人のために自分の能力を生かすこと」と道徳ノートに記述するまでになりました。大きな成長です。

　勤労の経験のない中学生に実感をもたせるために、周囲の大人からのメッセージは大きな刺激になります。大いに活用し、その成長を見取るようにすることが大切です。

●主に「感動、畏敬の念」に関する道徳性の成長が見られた生徒

　「美」をテーマとした学習において、美術作品に描かれた風景の中の自然の神秘や美に強く感動し、人間の力を超えたものへの畏敬の念について深く考えることができるようになりました。実際の美術作品を鑑賞した学習では、自然に比べて小さな自分に気づき、謙虚な気持ちで生きていきたいと発言するまでになりました。

　畏敬の念についての道徳性は評価することが難しいので、実物参観やフィールドワークなどの体験的な学習と関連させて評価します。

●音楽に関わる教材の学習から道徳性の成長が見られた生徒

　教材「風に立つライオン」の曲と歌詞に深い感動を覚え、この曲の主人公の損得を抜きにした利他的な生き方から、「本当の優しさは、時には残酷な結果を生むこともあるが、絶対に後悔のない生き方になる」と発言するまでになりました。

　曲の歌詞を教材とした授業では、歌詞の行間にある作者や主人公の心情を汲み取らせ、その生き方を客観的に見つめさせることが評価にもつながってきます。

●主に「よりよい学校生活」に関する道徳性の成長が見られた生徒

学校生活に関わる教材を扱った学習で、教材の学校と自分の学校を比較することにより、今の自分の学校生活に何が欠けていて、自分は何ができるのかということを、ホワイトボードミーティングの中で真剣に議論し、「生活する場としての学校という考えでなく、共に磨き合う場としての学校にしたい」と発言するまでになりました。

学校生活を扱った教材は、自分の生活と比較がしやすいので、実生活に対する生徒の考え方の変容を捉えるようにして評価文を作成します。

●ピア・サポートを導入した活動から道徳性の成長が見られた生徒

「人との関わり」をテーマとした学習で、学級での議論後のピア・サポート活動に意欲的に取り組み、共感的な姿勢をもって聴くことから人間関係がスタートすることを実感できました。ポートフォリオにも「話すことばかり考えていた自分を客観的に考えられた」と記述するまでになりました。

話し合い後に、ピア・サポートのような体験活動を取り入れることがあります。体験後の感想や振り返りには、生徒の道徳性の成長がはっきりと表れます。

●総合的な学習との関わりから道徳性の成長が見られた生徒

環境保全をテーマとした総合的な学習と関連させた道徳の学習において、自然の中の動植物の命や美しい自然は、私たちの身近な生活を変えていくことによって、大切に守っていくことができるということをディベート的な話し合いで自信をもって主張することができるようになりました。すばらしい探究学習の成果でした。

道徳と総合的な学習を連携させることによって、探究学習が一層深まることが期待できます。連携の結果、どのような成果が得られたかを評価文として作成します。

●教科との関連から道徳性の成長が見られた生徒

杉原千畝を扱った学習において、「自分ならばどうするか」という問いに対して、「当時の世界の状況が十分に把握できていないので安易に判断できない」と発言し、学習後の社会科授業でその背景を詳しく知って、その判断を再度考えていました。

道徳の授業は各教科とも大きく関連します。各教科担任と連携して、道徳に関わる変容を把握しておき、評価に生かすことが大切です。

総合的な学習の時間

■知識・技能

●日本の食糧生産の問題についての学習では、社会科の公民分野での学習と関連させて探究活動を行い、食料自給率の低下は日本の農業の衰退にもつながっていることに気づき、農業再生の新しい取組について知ることができました。

●国際理解にかかわる学習では、身近に暮らす外国人に取材活動を行い、自国の文化に誇りをもって生きることの大切さに気づき、彼らが自国と日本の文化の双方を尊重していることを知り、自分もそうした生き方をしたいと考えるまでになりました。

●情報化社会に関する学習において、スマートフォンの発展に興味をもち、その歴史から最先端の技術までを丁寧に調査し、生活をさらに豊かにするために、どのような使い方があるのかを考えることができました。

●情報モラルに関する探究学習において、オンラインショッピングやキャッシュレス決済などの新しい生活様式の普及とそれに伴う問題点について調べ、使う人間のモラルや主体的な消費者としての意識の大切さを学ぶことができました。

●環境問題に関する学習では、身近に生息するセイタカアワダチソウに着目し、雑草ではあるものの、薬や入浴剤としての活用方法があるなど、多角的に調査を進める中で多くのことを知識として身につけることができました。

●福祉にかかわる探究学習において、障害者スポーツを探究課題とし、車いすダンスサークルで体験や取材を行うことにより、障害者に支援をするという姿勢で臨むのではなく、共に生きるパートナーとして接するべきという考えをもちました。

●新型コロナウイルス感染症を探究課題として設定した健康学習では、手洗いの重要性を糸口として、様々なウイルスの感染源が手や口などから容易に侵入するということを様々な資料から学ぶことができました。

●「エコライフ」をテーマとした学習で、節水を課題として探究活動を行い、諸外国に比べて、日本の水資源の豊かさを初めて知るとともに、水質基準が厳しく管理されていることを水道局の人への取材から詳しく学ぶことができました。

●1学期の科学に関する探究課題として、「消しゴムの科学」という身近なテーマを設定し、消しゴムで字が消せるメカニズムについてインターネットの情報などを参考に理論づくりをし、科学的に解明することができました。

●2学期に行った社会貢献学習では、高齢者への貢献をテーマとして認知症学習会に参加して、基礎知識を学ぶだけでなく、支援の仕方を習得することができ、共生社会のあり方にまで考えを巡らせるまでになりました。

●キャリア教育にかかわる学習において、自分の夢である看護師の資格を得るまでに必要な経歴や学びの道筋を友だちと協力しながら調べることができ、しっかりとした専門的な知識を身につけることの重要性を確認することができました。

●修学旅行を中心とした探究学習において、「下町の町工場の最先端技術」をテーマとして設定し、実際に町工場を訪問して取材する中で、人工知能に頼らない匠の技の精巧さに感銘を受けるとともに、日本の技術力の高さを学ぶ機会になりました。

●3学期に行った地域発見学習では、喫茶店のモーニング文化に着目し、その起源から現況までをフィールドワーク的な取材により調査し、地域の繊維産業や観光事業と密接に結びつきながら発展してきたことを知ることができました。

●卒業に向けた中学校最後の探究学習において、いじめの問題に正面から取り組み、平成に入ってからの代表的ないじめ事件を調査しました。生徒自らがいじめの問題を解決していくことが重要であると考え、全国の生徒会の取組から多くのことを学びました。

●大気汚染に関する探究学習において、講演会で知ったマツの葉の気孔の汚れ調査による分析を通して、校区内の浮遊粒子状物質の様子について詳しく知り、どのように生活していったらよいかを考えることができました。

●3年間の学習の集大成として、「今に生きる信長」という探究課題を設定し、現代に残っている信長の時代につくられた建築物や制度、文化などを調べ、歴史は過去のものではなく、今に生き続けているものであることを知ることができました。

■思考・判断・表現

●日本の食糧生産の問題についての学習では、牛肉に着目し、普段自分たちが食べている牛肉と国産牛の価格や生産方法等の違いを焼肉のイラストを使ってわかりやすくまとめることができました。保護者からも大好評でした。

・・・

●国際理解にかかわる学習では、身近に暮らす外国人を、長期間に渡って撮影し、動画を作成しました。日常生活、自国や日本への思い、そして国際社会への提言という三部作とし、自分たちの学びを見える形で表現することができました。

・・・

●情報化社会に関する学習において、ウイルスやハッカーなどの不正アクセスにかかわる問題について調べ、被害状況や日本での対策についてのプレゼン資料を作成し、学級全体の場で堂々と発表することができました。

・・・

●情報モラルに関する探究学習において、SNSを使った差別や偏見の現状について調べ、実際にネット上の誹謗や中傷にあたる投稿を探すとともに、一件一件について何が問題なのかというコメントをつけてレポートを完成させることができました。

・・・

●環境問題に関する学習では、サギのコロニーと人間との共生についての探究課題を設定しました。その解決方法について、イメージマップやフィッシュボーンなどの思考ツールを活用して分類・比較し、最適な方法を考え出すことができました。

・・・

●福祉にかかわる探究学習において、実際に車いすダンスの講習を受け、障害者と一緒にダンスを踊るとともに、共生社会の実現のためには何が必要であるかを、p4c（子どものための哲学）の対話の中でいきいきと議論することができました。

・・・

●新型コロナウイルス感染症を探究課題として設定した健康学習では、ウイルスの侵入から発症までを大型のイラスト中心の図表で表し、地域の高齢者の方の前で丁寧に説明することで、自分の学びを確認することができました。

・・・

●「エコライフ」をテーマとした学習で、レジ袋に替わるものとして、風呂敷に着目し、地域の年配の方に取材をするとともに、その使い方を習得し、文化祭の中でその独特で斬新な使用法を全校生徒に披露することができました。

●1学期の科学に関する探究学習では、身近な洗剤や石鹸に界面活性剤が含まれることを知り、その働きや歴史、環境への影響等を調べました。成分・pH・蛍光反応・炎色反応の結果を、すべてグラフ化するとともに詳細な考察まで行うことができました。

●2学期の社会貢献学習では、デイサービスセンターに出向いてお手伝いをしたり自分たちの企画を発表したりして交流を重ね、地域の配食弁当に自分たちの書いた絵手紙を添えて渡すなど、地域のお年寄りと定期的な交流をすることができました。

●キャリア教育にかかわる学習では、講師から学んだマナー講座の内容を基にして、自分たちの手で模擬面接を行うとともに、面接を振り返りながら、企業が求めている人材、今社会が必要としている人材は何なのかを深く考えることができました。

●修学旅行を中心とした探究学習において、宿泊する漁村の自然、歴史、産業、東京との関係等についての調査を事前に行うとともに、当日は漁船に乗って漁業体験をし、海に生きる人々の生活や思いを自分事としながら考えることができました。

●3学期に行った地域発見学習では、炭鉱の跡地を巡って実地の調査を行い、当時の繁栄をイラスト画にして可視化するとともに、これからの地域の産業のあり方について市の担当者を招いて具体的な議論を交わすことができました。

●卒業に向けた中学校最後の探究学習では、地元小倉の祇園太鼓を地域の方から学ぶ中で、伝統を支えようとする熱意を感じ取り、将来の生き方を考える一助とするとともに、その思いを文化祭のステージで太鼓の演奏にのせて表現しました。

●学校の焼却炉が廃止されたことに関心をもち、大気汚染に関する環境問題に目を向けました。ゴミを減らす方法を考えるとともに、自分たちでできるリサイクルを実践したりすることで、環境を大切にしようとする意識を高めることができました。

●3年間の学習の集大成として、「自己を見つめる」という探究課題のもと、これまでの自分史を年表にしてまとめると同時に、家族が撮影した写真やビデオを基とした自己紹介動画を作成し、家族への深い感謝の念をもつことができました。

■主体的に学習に取り組む態度

●日本の食糧生産の問題についての学習では、食品ロスをテーマとして探究活動を行い、食品廃棄が多い反面、貧困で食事の行き届かない世帯があることに矛盾を感じ、この2つの問題をトータルに解決する子ども食堂の運営計画を立て始めました。

●国際理解にかかわる学習では、身近に暮らす外国人への取材から、自分自身が自国の伝統文化のことをしっかりと理解していないことをはずかしいと感じ、今まで触れることのなかった着物や草履、和傘などに興味をもつようになりました。

●情報化社会に関する学習では、キャッシュレス決済について詳細な探究活動をグループの先頭に立って進めることができました。活動の中では、自分の考えが否定されたときにも、柔軟に他者の考えを受け入れて新しいものを生み出そうとしました。

●情報モラルに関する探究学習において、探究の過程でスマホ依存症の深刻さに気づき、自分たちで解決していくことの必要性を強く感じて、生徒会が中心となった学校全体での啓蒙活動の計画を立てようとしました。

●環境問題に関する学習では、地域を流れる河川に生息するヤゴの実態を調査するとともに、30年前の水質との変化から、先人の水質浄化への熱い思いを知り、その浄化活動を自分たちが引き継いでいこうという意欲をもつまでに至りました。

●福祉にかかわる探究学習において、車いすダンスや車いすバスケット、ブラインドサッカーなどの障害者スポーツを学ぶ中で、少しの困難ですぐにあきらめてしまう自分を変えていこうという意欲をもつようになりました。

●新型コロナウイルス感染症を探究課題として設定した健康学習では、これまでの自分の衛生に対する意識の低さを強く認識し、健康は自分自身で守っていかなくてはならないという強い思いをもつようになりました。

●「エコライフ」をテーマとした学習で、ペットボトルキャップ回収がどのような貢献をしているのかを、グループの中心となって調査を行い、プレゼン資料の作成まで責任をもってやり遂げることができました。

●1学期の科学に関する探究学習では、ロボットのもつ可能性に着目し、実際に自分たちでプログラミングをして、来校者への玄関での案内をさせることができ、未来社会への大きな希望をもつことができるようになりました。

●2学期の地域貢献学習では、公民館の広報誌の原稿づくりを通して、地域の抱える様々な問題があることを初めて知るとともに、1回だけの参加ではなく、今後も継続して公民館活動に参加したいという意欲をもつようになりました。

●キャリア教育に関わる学習では、探究活動のまとめにおいて p4c（子どものための哲学）を使った対話活動を行いました。友だちの考える職業観や夢に大きな刺激を受け、金銭的なことだけでなく、社会の役に立つことこそが大切であると考えるようになりました。

●修学旅行を中心とした探究学習では、現地での取材計画立案の中心的存在となり、見学地との交渉や取材ルート作成などを進んで行うことができました。当日はその成果が十分に発揮され、スムーズな調査になりました。

●3学期に行った地域発見学習では、地域のもつ魅力を発見するための生徒と地域住民とのシンポジウムを計画し、関係機関と粘り強く交渉したり、日程調整したりすることにより、多くの人が集まる有意義な行事を行うことができました。

●卒業に向けた中学校最後の探究学習では、地元弘前のねぶた祭に着目し、祭りの魅力がどこにあるかを友だちと議論するとともに、PR 用の動画まで作成することができました。振り返りでは、地域の祭りに誇りをもつことができたと堂々とした態度で発表していました。

●地域防災にかかわる探究学習では、地域で行われている防災リーダー養成研修に進んで参加するとともに、地域の方とともに避難訓練の計画や運営に深く携わるようになり、若い世代の先頭に立って、防災意識を高めたいと考えるようになりました。

●3年間の学習の集大成として、「優しい街づくり」をテーマとして中学生ができる優しい街づくりボランティアの活動を考案し、毎週土曜日に実践するようになりました。今後、こうした体験を後輩にも伝えていきたいと考えることもできました。

生活

学習

特別活動

特別なニーズ

第2部
通知表の所見文例

第3章
生徒の活躍がよく伝わる
特別活動にかかわる所見文例

　本章では、特別活動にかかわる所見文例を紹介します。

　文例は、具体的なエピソードを臨場感をもたせて示すなど、生徒の活躍ぶりが保護者によりよく伝わるように表現が工夫された箇所を強調して示してあります。実際に所見を書く際の参考にしてください。

学級活動

●学級の問題の解決に努力した生徒

　冬の季節を迎え、多くの級友の登校が時間ギリギリになることが増え、係活動に支障が出ていることを学級全体の問題として取り上げ、**「時間を守る生活運動」を学級会で提案するとともに、計画立案の中心として活躍しました。**

●学級の問題を解決するための方法を身につけている生徒

　修学旅行の班編成をする際、だれもが納得できる編成方法にする必要があると考え、**事前に編成の際の「10の約束」を話し合いのたたき台として提案し、**学級全員の仲間意識を高めることができました。

●学級の課題を見いだすことができた生徒

　学級生活について振り返る時間で、課題を見つける方法として、**ホワイトボードミーティングを提案し、自らがファシリテーターとなって、**意見を分類・関連づけしながら、生活上の課題を明確にすることができました。

●学級会の際に合意形成を主導した生徒

　体育祭の学級旗のデザイン決定の話し合いにおいて、異なる２つのデザイン案で意見が対立した際に、どちらか１つにデザインを絞るのではなく、**それぞれのよいところを生かした新しいデザインを提言し、学級をまとめました。**

●学級内のよりよい人間関係を形成しようとした生徒

　合唱コンクールの取組中、練習がうまく進まず臨時学級会を開催した際に、**「仲間を非難する練習ではなく、支える練習に切り替えていくことが、学級を１つにすることだ」**と力強く主張し、練習の雰囲気を一変させました。

●話し合い活動を活性化した生徒

　進路実現に向けた勉強のあり方をテーマにした話し合いにおいて、巧みな司会で友だちが行っている工夫をたくさん引き出しました。**仲間のことを理解し、仲間からも信頼されている○○さんだからできたことです。**

●健康や安全についての意識を高めた生徒

　生活習慣病に関する学習において、メタボリックシンドロームに強い関心をもち、間食が多い自分の食生活を改善する必要性を強く感じ、改善への一歩を踏み出すことができました。**すぐに改善に動き出せる行動力はすばらしいものです。**

●多様な意見を踏まえつつ自分の意思を決定できた生徒

　学級活動のピア・サポートの学習では、友人間のトラブルの解決という課題に取り組み、双方の立場の考えを共感的に受容するとともに、**解決者である自分自身がはっきりとした考えをもって解決方法を示すことが大切であると理解できました。**

●マナー講座を学校生活に生かそうとした生徒

　高校入試前のマナー講座では、身だしなみや言葉づかい、相手を思いやった話の仕方や共感的な聞き方などについて学びました。**普段の生活からこうした礼儀やコミュニケーションを大切にした生き方をしていこうとしている姿勢が立派です。**

●防災についての意識を高めた生徒

　地域と連携して取り組んだ防災キャンプの学習において、避難所設営の方法やライフラインを確保するための訓練を通して、**災害時には中学生も地域の一員としてボランティア活動に積極的に取り組むことの重要性を強く認識しました。**

●学級の中の役割を自覚して活動した生徒

　合唱コンクールの目標を決定する学級会において、決定した目標に対して自分には何ができるかを真剣に考えました。**友だちからのアドバイスも受け入れ、自分の特技であるピアノの伴奏補助に立候補したのはすばらしい挑戦でした。**

●キャリア教育を通して成長した生徒

　進路決定に向けた学習では、「何のために進学をするのか」というテーマに対して、「先輩と語る会」での卒業生の体験談も参考にして、**「自分の特性を見つけ、社会貢献するため」**という○○さんならではの答えを導き出すことができました。

●情報モラルの学習に意欲的に取り組んだ生徒

　スマートフォンの使い方と健康について考える学習において、スマホ依存症について詳しく学びました。**自分の生活も依存症に近いものがあることに気づき、ペア学習をする中でその改善方法を真剣に考えることができました。**

●3年間の成長を客観的に捉えることができた生徒

　3年間の自分の成長と学校生活について振り返る学習において、3年間の「キャリア・パスポート」を読み返し、**自分自身の成長を客観的な立場から実感するとともに、学校や学級への感謝の思いを強くすることができました。**

生徒会活動

●フォロワーとして学級役員を支えた生徒

自分が先頭に立って学級をリードするのではなく、学級役員の活動を支える姿勢を大切にしていました。特に、修学旅行の班編成では、事前にアンケートを行うなど、**縁の下の力持ちとして○○さんの力を存分に発揮していました。**

●学級役員として生活運動を積極的に進めた生徒

授業前に着席し、準備をする生徒が減ってきたことに危機感を覚え、自ら「2分前着席運動」を提案し、1学期を通じて運動を継続することができました。**学級役員としての自覚と行動力には目を見張るものがありました。**

●人権週間の啓発活動に意欲的に参加した生徒

人権週間に行われた生徒会主催の「思いやりの花満開作戦」の趣旨に共感し、友だちの思いやりあふれる行動を探し出す活動に意欲的に参加しました。**いつも他者に共感的な姿勢の○○さんならではの取り組みでした。**

●募金活動から共生について考えることができた生徒

生徒会が行った講演会で、難病の子どもの夢の実現を支援するNPOの活動を知り、この活動を支援するための募金活動を提案しました。そして、**共生は身近なところから行うことができることを広く生徒に伝える活動を行うことができました。**

●議員として生徒会活動に貢献した生徒

議員として生徒議会に参加し、部活動激励会の実行委員として、司会進行の役割を進んで引き受けるとともに、各部のキャプテンとの連絡や調整を粘り強く行いました。**引退する3年生の花道を笑顔と涙で演出することができました。**

●生徒議会の中で合意形成に努めた生徒

体育祭の応援合戦の方法について話し合う生徒議会において、様々な方法が出された際、意見のよい部分を強調し、それらをうまく組み合わせた新しい形の応援合戦の方法を提案することができました。**○○さんならではのアイデアが光りました。**

●生徒総会で議長を務めた生徒

全校生徒が参加して行われた生徒総会において議長を務めました。**1人でも多くの人に発言してもらうために時間制限を設けるというアイデアを出し、例年以上に活発な話し合いを実現することができました。**

●委員会の委員長としてリーダーシップを発揮した生徒
　年間を通して広報委員会の委員長の仕事に意欲的に取り組みました。特に、昼の放送を生徒参加型にするために、臨時の委員会を何度も開催したり、生徒アンケートを実施したりして、**その強いリーダーシップをいかんなく発揮しました。**

●ボランティアとして生徒会の活動を支えた生徒
　生徒会が新しく設定した「あいさつの日」に、ボランティアとして毎週参加するなど、生徒会の活動を支える活動を主体的に行いました。**さらには、学級の生徒に積極的に参加を呼びかけ、運動を大いに盛り上げたことは大変立派でした。**

●生徒会の役員として学校生活の向上を目指した生徒
　生徒会役員として、学校生活の充実と向上のために、生徒会活動の目標を「挑戦と改革」とし、**今までの方法にとらわれない組織づくりや大胆な活動計画を実行するなど、生徒会の中心として活動することができました。**

●生徒議会の中で自分の考えをはっきりと主張できた生徒
　生徒議会の中で、生活委員会が提案した「時間を考える運動」に対して、「委員だけで取り組むのではなく、一人ひとりが主体的に参加できるような形にして活動する方法を考えたい」と、**○○さんらしい新たな視点を加えて活動を活性化しました。**

●ボランティア活動により学校への思いを強くした生徒
　生徒会主催の「祝い餅つき」の実行委員として会の企画や運営を進めると同時に、卒業前に学校に恩返しをしたいと考え、早朝の校内美化活動を提案しました。**多くの仲間が活動に参加してくれたのは、○○さんが提案したからこそです。**

●異年齢交流により自分の成長を実感した生徒
　２年生が中心となって企画・運営をした３年生を送る会において、アドバイザーとして会の構成等について後輩に対して様々な助言をする中で、**３年間の自分の成長を実感するとともに、新しい生活に向けての意欲を高めることができました。**

●生徒会活動に参加することで地域貢献への意識を高めた生徒
　生徒会行事である地域の高齢者の方との交流イベントに意欲的に参加し、高齢者の方と対話をする中で、今の自分を支えてもらった地域の人への感謝の気持ちをもつとともに、**地域の一員として自分を生かしたいという思いを強くしました。**

体育祭

●器具係として活躍した生徒

　中学校生活最後の体育祭で何か貢献したいと考え、希望者のいなかった器具係に立候補しました。**1秒でも早く器具をセッティングするにはどうしたらよいかを下級生と一緒に考え**、係を2チームに分けて行う方法でスピードアップを図りました。

●体育祭のスローガンづくりに尽力した生徒

　体育祭のスローガンづくりでは、**中学校生活最後の体育祭にかける思いを短い言葉の中に盛り込むにはどうしたらよいかを時間をかけてしっかり考え**、「飛躍」という学年の目標を使った、インパクトのあるスローガンをつくりました。

●ダンス実行委員として活躍した生徒

　学年演技の目玉であるダンスの実行委員に立候補しました。**夏休みに何度も登校し、動画を撮影したり、他校の演技を参考にしたりして、オリジナルの振りつけをつくり上げ**、さらに練習ではリーダーとしてアドバイスを積極的に行いました。

●体育祭の練習に積極的に取り組んだ生徒

　1学期後半より登校が難しい状況でしたが、体育祭の応援団サポーターとして、応援の道具や衣装を考える活動を担当したことから、応援練習を中心に練習に参加できるようになりました。**表情も明るく自信に満ちたものになってきました。**

●準備や片づけを確実に行うことができた生徒

　体育祭の前日準備に積極的に取り組み、**テントの設営や机やいすの搬入などを素早く行うとともに、設置計画をしっかり見直す念の入れようでした**。また、片づけでも何度も計画で手順などを確認しながら活動を進めました。

●応援団長として活躍した生徒

　昨年度は体育祭の応援団の学年リーダーを務めましたが、**今年は団員の圧倒的な支持を受けて団長を務めることになりました**。その明るく独創的な考え方を生かして、音楽を取り入れた圧巻のパフォーマンスをつくり上げることができました。

●広報委員として見事なアナウンスをした生徒

　昨年度に引き続き、広報委員として放送係の担当となり、その場の状況に応じたアドリブを上手く活用して体育祭を盛り上げました。また、**下級生に実況中継の仕方を実演して見せ、アナウンスのコツを伝授することができました。**

●仲間の意見を積極的に取り入れて活動した生徒

体育祭のオープニングアトラクションのボディスラップのメンバーに進んで参加しました。演技の方法や隊形移動について話し合う際には、**仲間の意見をじっくり聞いてから考えをまとめ、より迫力のある演技を提案することができました。**

●記録係として活躍した生徒

体育祭の係決めの際、人前で活動することが苦手なため得点係の担当を希望し、担当の先生と相談しながら、より早く正確に集計できるシステムを構築しました。**○○さんの工夫が係の仕事の効率化につながり、体育祭の成功に大きく貢献しました。**

●指揮者として活躍した生徒

体育祭の学年演技の指揮者としてはじめて指令台の上に立ち、全体へのあいさつや指示を行いました。はじめは自信がなさそうな様子でしたが、**放課後に担当の先生とマンツーマンで練習を重ね、本番では堂々とあいさつや指示をすることができました。**

●生徒会役員として開閉会式の役割を担当した生徒

生徒会役員として、体育祭の開閉会式の司会を担当し、全体の状況をよく観察しながら、落ち着いた進行をすることができました。**もともと人前で話すことを苦手としていましたが、それを見事に克服し、大きな飛躍を遂げた体育祭でした。**

●ダンスの練習に意欲的に取り組んだ生徒

最上級生として最高のダンスパフォーマンスを披露することを大きな目標として練習に取り組み、自主的に大きな声でかけ声をかけながらリズムをとりました。**キレのある躍動感あふれるパフォーマンスをつくり上げる立役者となりました。**

●学級委員として学級の団結を図った生徒

体育祭の練習が始まったころは、学級の士気が上がらずバラバラな状態の練習でしたが、**○○さんが先頭に立って大声で応援歌を歌うことによって雰囲気が一変し、学級が1つにまとまりました。**

●学級旗づくりに尽力した生徒

中学校生活最後の体育祭を盛り上げたいと学級旗作成のメンバーになって、**他の学級にはない斬新なデザインを考案し、劇画タッチのキャラクターをメインとしたインパクトの強い学級旗を完成させました。**その旗は学級のシンボルになりました。

●選手決めの話し合いでリーダーシップを発揮した生徒

体育祭の各種目の選手決定の話し合いでは、１つの種目に希望が集中して話し合いが混乱しそうになったため、**運動が苦手な生徒から決めるよう提案し、選手決定の方法をつくり直すなど、リーダー性を存分に発揮しました。**

●失敗を教訓として本番で生かした生徒

３年生の集団演技である30人31脚の練習で、隊列が崩れるという失敗を何度も繰り返したため、原因をじっくり考えるとともに、数名のチームになって練習する方法を提案し、学級の生徒のやる気を取り戻しました。○○さんの大きな功績です。

●ダンスの練習でフォロワーシップを発揮した生徒

３年生の学年ダンスの「阿波踊り」の練習において、ダンスリーダーが練習の行き詰まりを感じているとき、一緒に悩むとともに、**３対３のダンスバトル形式の練習方法を考えるなど、スランプを抜け出す大きなきっかけをつくりました。**

●控え席での応援に力を尽くした生徒

体育祭当日、演技が終わると控え席で休んでいる生徒が多い中、他学年の演技が行われているときにも学級旗やうちわを振るとともに、大きな声で下級生に向けて声援を送りました。**後輩思いのさわやかな応援がすてきでした。**

●広報活動を熱心に行った生徒

最後の体育祭を盛り上げたいという思いから、自主的にポスターを何種類も作成し、学校ホームページやSNSに投稿するとともに、近隣の高齢者施設や公民館に出向いて、参観を力強く呼びかけることができました。**当日の参観数は過去最高でした。**

●救護係として活躍した生徒

保健委員として、担当した体育祭の救護係の仕事に熱心に取り組みました。けがをした生徒や体調の悪い生徒に手当てだけでなく、**温かい言葉かけをすることで安らげる雰囲気をつくり出すよう努力していました。**

●マスコットづくりの責任者として活動した生徒

憧れであった体育祭のマスコットづくりの責任者に推薦されました。計画やデザインを、１人ではなくチームとして分担して行うことにより、これまでの半分の時間で完成させることができました。**見事な手腕に下級生も感動していました。**

●体育祭の見学をすることができた生徒

3年生になってから徐々に登校できる日が増え、9月に入ってからは体育祭の種目に興味をもち、**家で動画に合わせてダンスの練習に取り組むようになりました**。体育祭当日は、3年生のダンスパフォーマンスを参観することができました。

●運動が苦手な生徒に心配りができた生徒

走ることが苦手なのに100m走の選手に選ばれた生徒に、「勝ち負けでなく、やり遂げることを大切にしよう」と温かい声かけをするとともに、**練習時にはいつもそばに寄り添うようにして安心感を与えていました**。すてきな心配りでした。

●3年間の成長を感じた生徒

応援団の一員として体育祭に臨んだ今年の活動を振り返り、**「この3年間で最も主体的に取り組み、最も充実した行事だった」と書き記していました**。自分の成長を応援というアクティブな活動から実感することができました。

●和太鼓ボランティアの一員として活躍した生徒

地域の和太鼓チームに参加するボランティアとして、体育祭のオープニングアトラクションの練習に意欲的に取り組み、**地域の方の演奏に負けないような迫力あるパフォーマンスを披露することができました**。

●苦手な種目にも根気よく取り組んだ生徒

体育祭の種目である棒引きが苦手であるにもかかわらず、だれも希望しなかったため自分から選手になりました。早朝練習や放課後練習に参加するだけでなく、**休日の部活動後にも練習を重ねるなど粘り強く取り組み、当日は見事勝利しました**。

●後輩への指導を丁寧に行った生徒

体育祭のブロックごとの応援練習では、下級生への指導係を進んで引き受けました。声の出し方や振りつけの仕方、隊形移動の方法などを根気よく丁寧に指導し、**下級生から「自分もあんな先輩になりたい」と言われるまでになりました**。

●学級の成長を自分の成長と重ね合わせた生徒

体育祭では、団結した取組の結果、学級が最優秀賞を獲得しました。○○さんは振り返りの中で、「学級の成長が自分の弱い心を強くしてくれた」と、**自分自身の成長にもつながったことを客観的に捉えることができました**。

合唱コンクール

●合唱曲選定で活躍した生徒

学級での合唱曲選定会議において、**「何となく選んでしまうのではなく、それぞれの曲のよさや難易度を考えて話し合いたい」という建設的な意見を発表し**、その結果学級の生徒全員が納得する曲選びができました。

●指揮者に立候補した生徒

中学校生活最後の年に、自分を高めるような挑戦をしたいと考え、合唱コンクールの指揮者に立候補しました。CD を聴いたり、模範動画を何度も見たりして、**徹底的に合唱曲を研究したうえでオーディションに臨み、見事に指揮者に選出されました。**

●伴奏者に立候補した生徒

自分の特技であるピアノを生かして学級に貢献したいと考え、合唱コンクールの伴奏者に立候補しました。**部活動や生徒会の活動もある中、休み時間や放課後の短い時間を有効に活用して課題曲を何度も練習し、見事に伴奏者に選出されました。**

●伴奏者として合唱練習を支えた生徒

伴奏者として完全な演奏ができるように、合唱コンクールの練習開始 1 か月も前から練習に臨みました。**学習や部活動もある中、時間を見つけては練習を重ね、合唱練習開始時には完璧な伴奏で学級の練習を支えてくれました。**

●指揮者としてリーダーシップを発揮した生徒

合唱コンクールの指揮者として、練習計画づくり、楽譜の読み込み、音とりなど事前の準備を綿密に行いました。学級での練習時には、**段階を踏んだ効果的な練習を提案し、全員から「安心できる」「歌いやすい」と高い評価を得ました。**

●パートリーダーとして活躍した生徒

難易度の高いソプラノパートのリーダーとして、進んで手本を見せ、音程の安定化に努力しました。**常に笑顔を絶やすことなく温かい言葉かけをしながら練習を盛り上げるその姿勢から、仲間からの信頼は絶大なものになりました。**

●伴奏補助として活躍した生徒

伴奏者選考のオーディションでは補欠になりましたが、そのことを悔やむのではなく、選出された伴奏者の手助けをする伴奏補助がしたいと自分から名乗り出ました。**気持ちを切り替えて仲間の力になれる○○さんは、とても輝いていました。**

●合唱が苦手な友だちに優しく接することができた生徒

　歌が好きで、合唱コンクールの学級練習では、常に大きく伸びのある歌声を響かせました。楽譜を読むのが苦手な生徒にも優しく教え、実際に声を出して模範を示すなど、**○○さんの行動が学級の空気を大きく変えました**。

●主体的に練習に取り組んだ生徒

　合唱コンクールに向けた学級の練習において、パートごとの練習や全体練習に真剣に取り組むだけでなく、**早く練習を始めることができるように楽器や掲示用歌詞カード、合唱台を率先して準備するなど、主体的に取り組む姿勢が見事でした**。

●練習の雰囲気を前向きに変えた生徒

　受験に向けた学習との両立が課題で、いまひとつ合唱練習に身が入らない学級の様子を見て、**有志による合唱を披露して合唱のすばらしさを級友に示し、学級の雰囲気を一変させました**。鮮やかなリーダーシップでした。

●練習に打ち込めない友人に配慮できた生徒

　合唱が苦手で、練習に打ち込むことができず、孤立しがちだった友だちに対して、「うまく歌おうとせず、自分ができる範囲でやればいいよ」と優しい声かけをして励ましました。**いつも仲間を気にかけている○○さんならではの優しさが光りました**。

●学級のスローガンを提案した生徒

　最後の合唱コンクールにかける思いが強く、「結果よりも思いを１つに」という学級独自のスローガンを提案し、指揮者や伴奏者への声かけを中心とするサポートだけでなく、学級全体に対してポジティブな声かけを続けることができました。

●自分なりに練習に取り組んだ生徒

　２学期に入り、学校に足が向きませんでしたが、合唱コンクールの練習が始まると、合唱曲に興味を抱き、練習用 CD を何度も聞き込むなど、合唱に対する思いを強くすることができました。大きな一歩を踏み出しました。

●下級生へのアドバイスができた生徒

　１年生との合同練習の際、３年生として発声方法や練習法、情感豊かに歌うためのポイントなどを実演をしながら丁寧にアドバイスしました。**最高学年にふさわしいその優しく丁寧な指導ぶりで、後輩の尊敬を一身に集めました**。

●合唱に対して厳しい姿勢で臨んだ生徒

　合唱コンクールに向けた練習では、正確な音程やリズムの取り方、曲のスピードなど細部までこだわり抜きました。少しでもよい合唱をつくり上げようと指揮者や伴奏者に積極的に声をかけるなど、<u>○○さんらしいストイックな姿勢が光りました</u>。

●合唱曲のイメージ画づくりで活躍した生徒

　生徒会が主催した合唱曲のイメージ画コンテストに意欲的に参加し、<u>学級の生徒が曲の情景を思い浮かべながら歌うことができるすばらしいイメージ画を見事に仕上げました</u>。学級への特大の貢献になりました。

●スローガン作成に積極的に取り組んだ生徒

　生徒会役員として合唱コンクールのスローガン作成の中心となって活動し、各学級から集まった案を一つひとつ丁寧に吟味しました。<u>学校の教育目標である「共生」をキーワードに、すばらしいスローガンに仕上げました</u>。

●掲示物を作成して雰囲気を盛り上げた生徒

　広報委員として合唱コンクールを盛り上げるためのポスターや掲示物を何枚も制作し、下級生とともに校舎内の至るところに掲示しました。<u>地域の公共施設にも出向いてポスターを掲示させてもらうなど</u>、広報活動を充実したものにしました。

●審査員として活躍した生徒

　はじめて審査員に選出され、審査のポイントを担当の先生から学ぶとともに、<u>練習用の模範合唱CDを繰り返し聞き込み、正しく厳正な審査ができるよう最善の努力をしました</u>。その甲斐あって当日は公正で厳正な審査ができました。

●会場係として活躍した生徒

　合唱コンクールの会場係を担当し、机やいすの準備から名簿や筆記用具の準備、花の設置まで、細かな点に気をつけながら作業を進めることができました。<u>参加した保護者の方々にも、受付周辺の美しい様子が大変好評でした</u>。

●指揮者として活躍した生徒

　昨年度までの指揮者としての実績を評価され、本年度も指揮者に選出されました。プロの指揮者の動画を見たり、楽曲の作者の思いを学んだりして、<u>昨年度以上に情感豊かな指揮を行うなど</u>、学級の合唱の質を高めるために最大の努力をしました。

●伴奏者として活躍した生徒

本年度の合唱コンクールでは最優秀賞を獲得しましたが、**○○さんのすばらしい伴奏があってこその受賞です**。まだ学級の練習が始まっていない時期から伴奏練習を始め、曲の速さや強弱、テンポやリズムなど完璧な演奏を目指した成果です。

●曲紹介のナレーターとして活躍した生徒

合唱コンクールの曲紹介のナレーターに選出されました。中学校生活ではじめて人前で話すことに緊張を感じながらも、**学級全員の合唱に懸ける思いを、○○さんらしい素直な言葉で表現し、感動的なナレーションをすることができました**。

●進行係として活躍した生徒

生徒会役員として、合唱コンクール当日の進行係となり、曲や指揮者、伴奏者を紹介するスライド資料を進んで作成しました。**BGM を入れるというはじめての試みにも挑戦し、観客からも大変好評でした**。

●振り返りで自分の成長を実感できた生徒

合唱コンクール後の振り返りでは「今年の合唱は学級のためにという意識が強く、賞は関係なかった」と記述しました。**自分中心の考えから、周囲を意識した考えに変わるなど○○さんの成長を実感することができた行事になりました**。

●合唱コンクールでの取組を学校生活や進路選択に生かした生徒

合唱コンクールに向けた学級練習を通じて、合唱が好きな友人を見つけました。また、**もっと合唱を極めたいという思いから、合唱が盛んな高校に進学するという進路の目標ももつことができました**。

●合唱部員として活躍した生徒

合唱コンクールに向けた学級の練習では、合唱部で学んできた練習方法や発声法などをわかりやすく他の生徒に説明しました。**音程の合わせ方や発声法を実演して、学級の優秀賞獲得に大きな貢献をしました**。

●トラブルにも動揺せず落ち着いて対応した生徒

伴奏者の体調不良により、伴奏なしでの発表となったにもかかわらず、指揮者として仲間を落ち着かせるだけでなく、アカペラのよさを前面に押し出す工夫まで行い、感動的な合唱を演出しました。**ピンチをチャンスに変えられる真のリーダーです**。

●企画会議で活躍した生徒

学校祭の全体像を決定する企画会議に議員として参加し、昨年度までとは違う生徒参加型のステージ発表を取り入れたいと発言し、**有志による「スター誕生」という具体的な企画を提案して、学校祭を変革する原動力となりました。**

●学級の劇の練習に意欲的に取り組んだ生徒

中学校生活最後の学校祭で行う学級の劇の役者に推薦され、歌やダンスを取り入れたミュージカル風の展開を盛り込むことを提案しました。**「3年間で最も印象に残る学校祭だった」と多くの生徒が称賛するほど感動的な劇になりました。**

●ダンスチームのリーダーとして活躍した生徒

学級のステージ発表に向けたダンス練習において、ダンス全体の構成や振りつけを中心になって考えただけでなく、練習の仕方や時間設定まできめ細かくマネジメントして練習を進めました。**○○さんが学級の団結を強める原動力となりました。**

●スポーツイベントの企画・運営に携わった生徒

学校祭初日に行うスポーツイベントの運営委員になり、だれでも楽しむことができ、学級の団結を図ることができる種目として、30人31脚を提案しました。**動画を作成して練習法やルールを説明するほど熱心に取り組んでいました。**

●目立たないが着実に活動を進めた生徒

学校祭のスポーツイベントにおいて記録係となり、得意のパソコンを活用して、集計や計算、順位決定などの作業をスピーディかつ正確に行いました。**速報を掲示物として作成するなどの工夫も光り、イベント成功の陰の功労者になりました。**

●学校全体の活動においてリーダー性を発揮した生徒

学校祭実行委員会の委員長として、オープニングとフィナーレでのあいさつを原稿を見ずに行い、**「挑戦」というスローガンに込められた自分の考えや思いを自分の言葉で全校生徒に熱く語りかけることができました。**

●学校祭の環境整備に力を尽くした生徒

学校祭の2週間前から、ボランティア委員会の委員長として、体育館だけでなく、学校周辺も含めた美化計画を立てて全校生徒に参加を呼びかけ、毎日早朝から計画的に清掃を行いました。**見事なボランティア精神に多くの生徒が感動していました。**

●プレゼン資料作成で活躍した生徒

　学校祭で行う学級発表のプレゼン資料作成担当となり、テーマである「いじめ」にかかわるデータを収集するとともに、アニメーションや効果音を取り入れてわかりやすい資料を作成しました。**学級全員にとっても大きな学びとなりました。**

●展示用のマスコットづくりでリーダー性を発揮した生徒

　学校祭の大型キャラクターマスコットづくりに進んで参加し、キャラクターのデザインを担当しました。パソコンを活用して CG でイメージをつくり上げ、下級生に的確に作業工程を指示するなど、**専門性とリーダー性をいかんなく発揮しました。**

●ステージ発表で活躍した生徒

　生徒会主催の音楽コンテストに参加し、得意のギターを使って見事な演奏を披露しました。より質の高い演奏を聴いてほしいという思いから、**友人とともに練習を何十時間も積み重ねた成果が発揮できました。**

●学校祭の準備で活躍した生徒

　学校祭実行委員として、全体計画のリーダーとなり、学級発表の方法や日程、ブース発表とステージ発表の構成などを立案しました。担当の先生に相談しながら、**例年とはひと味違う魅力的な学校祭を計画することができました。**

●やる気の出ない友だちに根気よく声かけをした生徒

　学級発表に興味がもてず、練習に前向きに取り組めなかった友だちに対して、終始温かい声をかけ続け、自分と同じ係の劇の BGM 担当になってもらいました。**一緒に曲選びや編集をすることで、友だちの気持ちを大きく変えることができました。**

●ブース発表で活躍した生徒

　学校祭のブース発表において、地域の伝統工芸品である焼き物についての発表を行いました。地域の方の力を借りてろくろを回しての体験コーナーを設置するなど、**その発想と行動力のすばらしさには目を見張るものがありました。**

●作品展示に向けて意欲的に創作活動をした生徒

　学校祭の作品展示の担当になり、展示計画を立てるだけでなく、自ら趣味の油絵の作品づくりに意欲的に取り組みました。作品展に向けての雰囲気を大いに盛り上げ、**下級生に大きなやる気と希望を与えました。**

修学旅行

●**学級委員として細やかな気配りができた生徒**

　学級委員としてリーダーシップを発揮するだけでなく、クラス全員に細やかな気配りができました。特に、**不登校気味だった生徒に対して、持ち物や日程を丁寧に説明したり、温かい声かけをしたりと、終始寄り添う姿が見られました。**

∙∙∙

●**計画においてリーダーシップを発揮した生徒**

　修学旅行の班活動の計画では、班長として班での話し合いのファシリテーターを進んで務めました。**自分たちの活動テーマを「戦前の東京」と決めるとともに、それに合った見学地候補を数多く引き出すなど、話し合いを巧みにリードしました。**

∙∙∙

●**班編成で細やかな配慮ができた生徒**

　修学旅行の班編成を行うにあたり、学級役員として事前のアンケートを行って、当日の編成会議がスムーズにいくよう、様々な生徒に声かけを行うことができました。**特に友人の少ない生徒に寄り添う姿は、学級全体に安心感を与えました。**

∙∙∙

●**事前準備に意欲的に取り組んだ生徒**

　修学旅行で訪れる民宿の方との事前交流活動において、**依頼や学校紹介を通常の手紙形式から動画へと変えて新しい形の交流を考え出したのはすばらしいアイデアでした**。現地の観光や産業についても意欲的に調べることができました。

∙∙∙

●**事前計画においてリーダーシップを発揮した生徒**

　学級委員として、班編成やバス・列車の座席決め、旅館での部屋割りなどの決定において、**級友の思いや各班の希望や要望を傾聴し、だれもが納得できる方法で決定することができました。**見事なリーダーシップでした。

∙∙∙

●**事前計画においてフォロワーシップを発揮した生徒**

　修学旅行で行う現地の中学校との交流会の実行委員に選出されました。具体的な準備を進める中で、**委員会がうまくまとまっていないことを気にかけ、実行委員一人ひとりに委員長の思いを伝えるなど、見事なフォロワーシップを発揮しました。**

∙∙∙

●**準備を整え前向きに取り組んだ生徒**

　進級以来なかなか登校することができませんでしたが、修学旅行の見学地である沖縄の自然と文化に興味をもち、家庭でインターネット等を使って詳しく調べました。**その成果が出て、修学旅行を充実したものにすることができました。**

●規律正しい行動ができた生徒

　修学旅行の集団行動において、自分だけがマナーを守るのではなく、自分の班の生徒や他の学級の生徒にも声かけをして、集団での規律やマナーを意識した行動をしようと努力しました。**特に、混雑時の駅での行動は迅速で、実に見事でした。**

●民宿の方との交流を楽しむことができた生徒

　修学旅行での体験活動となる民宿での生活では、お客様として生活するのではなく、**食事の準備や片づけ、布団の上げ下ろしや清掃など、できることを進んで手伝い、民宿の方との会話も楽しむなど、すばらしい交流をしました。**

●心温まる行動ができた生徒

　修学旅行では、自分の班の仲間が体調を崩したのを大変心配し、進んで荷物を持ったり、休める場所を探したりと、心温まる行動を自然にとることができました。**自分のことより先に仲間のことを優先する姿に、大きな成長を感じました。**

●班長として自覚ある行動をした生徒

　修学旅行の分散研修では、予定通り行動できないハプニングがありましたが、**班長として何が班にとって最善の行動かを仲間とともにじっくりと考え**、リーダーとしての自覚のある行動をとることができました。

●実行委員として活躍した生徒

　修学旅行の実行委員として、自分や学級のことよりも、学年全体のことを考えた発言を多く聞くことができました。特に、旅館での全体会の企画や運営では、**だれでも楽しめるレクリエーションを提案するなど、その視野の広さに感心しました。**

●修学旅行後の発表会において活躍した生徒

　修学旅行の学習発表会において、写真や取材したメモを活用して、動画のプレゼン資料を作成するだけでなく、**発表原稿づくりも進んで引き受けるなど、○○さんのもつ力をいかんなく発揮しました。**

●修学旅行の経験を学習に生かした生徒

　修学旅行で訪ねた国会議事堂の国権の最高機関としての働きに強い関心をもち、毎日の新聞の中から国会関連の記事をストックするようになりました。**社会科の学習に大きな効果をもたらすなど、旅行の成果を活かすことができました。**

部活動

●目標をもって努力を重ねた生徒

　最後の吹奏楽コンクールで金賞を獲るという目標をもって、４月から厳しい練習に耐え、ひたむきに個人練習を重ねました。その努力の結果、**トランペットの演奏ではだれにも負けない技術を身につけ、念願の金賞を獲得することができました。**

●まじめに練習に参加した生徒

　この３年間で、部活動に欠席したことが一度もなく、練習に対しても大変まじめに取り組むとともに、**部活動日誌に練習内容や感想、振り返りなどを詳細に記入し、自分の技能を伸ばすために活用することができました。**

●下級生に対して親身にアドバイスした生徒

　部活動の練習に対する姿勢が前向きで、自分の技能を伸ばすだけでなく、下級生にも積極的にアドバイスをする姿が見られました。**カットサービスの仕方がわからず困っている下級生に実演しながら教える姿は、実に見事でした。**

●チームワークを大切にして活躍した生徒

　「一人ひとりの力は優れていなくても、チームワークを大切にしていけば、どの学校にも勝てる」という信念のもと、３年間の部活動に取り組みました。特に、あいさつや言葉づかい、清掃などの生活面から、チームワーク強化に貢献しました。

●部活動内のトラブルに適切に対応した生徒

　練習に対する姿勢の違いから、下級生と３年生の間でトラブルが起きたときに、双方の考え方を共感的に聴きました。また、**顧問に相談して話し合いの場を設けるとともに、解決に向かうような方法を提案するなど、見事な働きかけをしました。**

●技術的に向上が見られない仲間に寄り添った生徒

　なかなか技術の向上が見られず、苦しい思いをしている仲間に常に寄り添うことができました。勝ち負けにこだわらず楽しくスポーツをすることの大切さを伝えたり、技術的なアドバイスをしたりと、**○○さんらしい優しさが随所で光りました。**

●選手のサポートに力を尽くした生徒

　校内の選手決定戦で敗れ、控え選手となりましたが、部全体のことを考えて選手のサポート役に徹しました。**だれよりも早く気持ちを切り替え、**球出しや乱打の相手、サービス練習の際のレシーブ担当などに前向きに取り組むことができました。

●厳しい練習に耐えてレギュラーになった生徒

　本年度は最上級生になり、練習も大変厳しいものになりましたが、**スタミナをつけるためのランニングや体幹を鍛えるための筋力トレーニングにも弱音を吐かずに意欲的に取り組み続け**、大会ではレギュラーとして大活躍をしました。

●けがを乗り越えて活動した生徒

　4月当初に大けがをしてしまい、大変心配しましたが、順調に回復するとともに、上半身を使った素振りやボレー、筋力トレーニングなど、**できることから徐々に練習を始め、大会前には他の生徒と変わらぬほど技術を向上させることができました。**

●キャプテンとして活躍した生徒

　2年生までの誠実な練習態度と、だれとでも明るくコミュニケーションがとれる人柄から、部員の総意でキャプテンに選出されました。練習の指示を的確に行うとともに、試合では大きな声で応援するなどリーダーシップをいかんなく発揮しました。

●最後の大会で最高のプレーをした生徒

　3年生最後の大会で自分がもっているものをすべて出し切りたいという願いをもって、練習に打ち込みました。総合体育大会では見事にシュートを決めるとともに、ディフェンスでも大活躍するなど、**願い通りに最高のパフォーマンスを披露しました。**

●大会で敗れたもののさわやかに引退した生徒

　市や地区の予選を勝ち抜き、県大会に出場することを目標として大会に臨みましたが、力及ばず敗れてしまいました。それでも、**日々の練習に全力で取り組んだことで、悔いを残すことなくさわやかな気持ちで引退をすることができました。**

●準備や片づけがしっかりとできる生徒

　だれよりも早くグラウンドに出て、コート整備や道具の準備を率先して行い、下級生から絶大な信頼を得ています。そうした、○○さんの裏表のない部活動への取り組みの姿勢は、他の同級生の模範にもなっています。

●部活動での学びを学校生活に生かした生徒

　3年間の部活動で培った先を読む力が、計画的に受験勉強を進める力として生かされています。また、どんなにテストの結果が悪くても、すぐに気持ちを切り替えて改善に結びつけられるのも、部活動で同様の経験を積んできたことの賜物です。

第2部
通知表の所見文例

第4章
特別なニーズがある生徒の
ための所見文例

　本章では、特別なニーズがある生徒を想定した所見文例を紹介します。

　文例は、「学習面の困難」「行動面の困難」「対人面の困難」の3タイプに分類されています。一つひとつの文例に注意事項を付記していますが、生徒のつまずきの原因や状況は多様です。文例をそのまま使用したり、断定的な内容の所見を書いたりしないように、十分留意してください。

学習面に困難が ある生徒

●書くことに集中できない生徒

数学の証明問題や理科の実験の考察の際は、小さなステップで考え、確かめながら答えを見つけることができました。集中力が途切れたときも、ノートや教科書を見直したり、自ら仲間に聞きに行ったりする意欲的な姿が見られました。

生徒によって集中力が途切れる場面は様々です。それでも解決に向かおうと集中して書き続けるのは向上心や意欲があるからです。集中力の途切れがちな生徒には、段階的に取り組む方法を助言し、努力を認めることで自信につなげましょう。

●慌てて漢字を書いて間違えてしまう生徒

漢字の練習では、罫線の幅や解答欄の大きさに合わせて、とめやはねを意識し丁寧に書くことができるようになりました。慌てるとやや雑な字体になることもあるので、練習したことを生かせるよう、集中力を持続させることが大切です。

例えば、高校入試の解答欄を準備するなど、「丁寧に書くように」という指導から、「丁寧に書かなければならない」必然性を用意することで、本人の意識も高まります。他の教科にも同様に行うとよいでしょう。

●計算ミスの多い生徒

計算問題を解く場面では、途中式をきちんと書かず、その結果うっかりミスをしてしまうことがありました。しかし、等号をそろえる基本的な書き方を覚え、間違えた問題に再度取り組むことで、同様の間違いが格段に減っています。

計算問題を苦手とする生徒の文例です。計算の基本的な書き方が身についていない生徒も少なくないので、まずはその指導をしっかり行い、学び直しの場面も意図的に設定することで、確実に力をつけさせることが大切です。

●理科の実験の考察が苦手な生徒

台車を動かして運動エネルギーの変化を調べる実験では、仲間とともに繰り返し実験を行い、記録を丁寧に取りました。その後の考察では、1つの結論だけでなく、別の場合もあることを見いだし、仲間と議論する姿が印象的でした。

考察を苦手とする生徒は、そもそも記録が手元にないことがあります。実験の記録を確実に取り、それを基に考察し、発見した喜びをもたせることが大切です。

●朗読の場面で緊張してしまう生徒

　教科書を音読する場面では、文字を丁寧に追いながらゆっくり確実に読んでいくことができました。特にセリフの長い場面では、抑揚をつけ、はっきりとした口調で、感情を込めて読むことができ、その豊かな表現力に仲間も驚いていました。

　まずは、文字を丁寧に追いながらゆっくり確実に読むという基本に着実に取り組んでいることを伝えます。そのうえで、場面に応じて工夫していることなども取り上げ、仲間の反応なども織り交ぜながら伝えると、意欲の向上につながります。

●調べ学習がなかなか持続しない生徒

　世界の気候変動について調べる学習では、まずテーマを決め、何をどのように調べていくのかを考えました。そして、図書館を利用したりインターネットで検索したりと、有効な方法を使い分けて調べ、まとめることができました。

　調べ学習では、その目的や調べる方法などを明確にしておくことが大切です。持続しなかった場合は、その目的に立ち返ったり、調べ方を変更したりすることで、新たな視点が生まれることもあります。

●自己表現が苦手な生徒

　英語で自己紹介する活動では、紙を見ながら説明するのではなく、相手の表情やしぐさに呼応する形で伝えることができました。どんどんペアを変えながら、積極的に意見交換をするなど、意欲的に活動することができました。

　対面のコミュニケーションを苦手とする生徒の場合、紙を見ていたとしても活動に前向きな姿勢は評価したいところです。そして、相手に呼応したコミュニケーションができた瞬間を見逃さず、励ますことで、本人の自信につなげることが大切です。

●相手の立場に立って考えることが苦手な生徒

　家庭科の保育実習では、園児のためのおもちゃづくりにこつこつと取り組むことができました。また、安全点検も園児が使用する視点に立って丁寧に行うことができました。さらには、片づけを率先して行うなどの積極性も見られました。

　保育実習は相手のことを考えて活動することを学ぶ重要な場面です。よって、活動を通して発揮したよさを所見に書き、相手意識に気づかせていくことが大切です。

●グラフ作成に時間がかかる生徒

　２次関数のグラフの作成では、対応する点を１つずつ丁寧にグラフ用紙に打ち、フリーハンドで滑らかな曲線をかくことができました。さらには、曲線の意味を理解したことで、対応する点を少なくしても素早く丁寧に作成できるようになりました。

　丁寧にかくことがまずは何よりも大切です。その後、素早くかくという視点を与え、練習する機会を設定します。成果として現れるようになったことを認めていくことで、グラフ作成への抵抗感が少なくなっていきます。

●英語による対話が苦手な生徒

　「仲間に自分の強みを紹介する場面」を想定した英会話の練習では、準備したことを基に ALT の先生とうまく会話をすることができました。その経験が自信になり、仲間とも積極的に対話する姿が見られるようになりました。

　英語による対話を苦手としている生徒は少なくありませんが、そういった生徒にとって、ALT の先生との対話がうまくいくことは大きな自信になります。そういう場面をうまく設定し、さらなる自信や意欲につなげていくことが大切です。

●練習が持続しない生徒

　体育のバスケットボールの練習では、「パスがつながる位置取り」という目標を立て、仲間とともに改善点を指摘し合いながら練習を繰り返しました。結果、相手選手にボールを取られない工夫を見いだし、シュート回数の増加にもつながりました。

　練習が苦手な生徒に、単純な反復練習を無理に行わせても逆効果になるので、目標をもたせ、仲間とともに取り組ませる場面をつくる必要があります。仲間からの励ましも、あきらめることなく続けて行おうという意欲につながります。

●地道に取り組むことが苦手な生徒

　彫刻刀を利用し版画を制作する活動では、対象とした風景を根気よく彫り続けることができました。明暗をつけたり、向きを整えたりすることを通して、納得のいく作品を完成することができました。

　苦手とする地道な作業であるからこそ、根気よく取り組んでいる姿を見逃さずに捉え、認めることが大切です。工夫していることも取り上げると自信になります。

●発表をためらいがちな生徒

　まわりの目を気にするあまり、発表をためらうことがありましたが、答えられる場面では積極的に挙手しようと意識したことで、発表回数が増えてきました。わからないことは仲間に相談するなど、自ら発信することに意欲的になってきました。

　発表を苦手とする生徒は少なくありません。最初は短い説明からでも十分なので、できたことを見逃がさずに認めていくことで、自信につなげます。また、わからないことを仲間に尋ねるような発信の仕方も、ぜひ前向きに評価したいところです。

●自主学習が継続的にできない生徒

　休けい時間に、友だちと一緒に参考書を見て問題を出し合うなど、熱心に学習に取り組む姿が見られました。入試予想問題への取組でも、直前まで教科書やノートを見て復習を行うなど、事前学習にとても意欲的になりました。

　家庭で自分1人で学習に向かうことが苦手な生徒の場合は、仲のよい生徒に力を借りて、クイズ形式で問題を出し合うような学習から始めるとよいでしょう。そうした経験を積ませることで、自主学習や予習の大切さに気づかせていきます。

●ノートを取ることが苦手な生徒

　苦手な教科の授業でも、集中して板書をノートに書き写し、復習に役立てる姿がありました。特に数学では、要点を色分けしてまとめる工夫も見られました。次回の授業の予習にも、ノートを役立てている姿に感心しました。

　まずは、ノートを取ることが苦手な生徒は、まずは板書を丁寧に書き写す姿を見取り、評価しましょう。そのうえで、ノートづくりにおいて生徒なりに工夫している点を見つけたら認め、自信をもたせていきます。

●宿題に取り組むことが苦手な生徒

　各教科の宿題に、計画的に取り組めるようになりました。わからなかった箇所には印をつけ、翌日学校で友だちや先生に尋ねて解決する姿に、○○さんの大きな成長を感じました。この成長が、授業中の挙手回数が増えたことにもつながっています。

　宿題への取組が不十分な生徒は、まずは確実に行った姿を認め、励ますことが大切です。そのことが他にもプラスの効果を生んでいることを伝えるのも有効です。

行動面に困難が ある生徒

●片づけが苦手な生徒

使用したものの片づけが苦手でしたが、片づける場所をわかりやすくしたり、ものを種別に分けたりすることで、できるようになってきました。さらに、整理して片づけると素早く取り出せることに気づき、行動が変わってきました。

片づけをできるようにする手立ても大切ですが、整理すると後でものが素早く取り出せるといった片づけのメリットに気づかせることで、自発的な変容を促すことが重要です。

●感情のコントロールが効きにくい生徒

イライラしてしまったときも、ものにあたったりせず、自ら教科担任に申し出て、落ち着ける場所で気持ちを整えてから教室に戻ることができるようになりました。感情を爆発させることも少なくなり、穏やかに過ごせるようになってきています。

簡単にできる約束を決め、それが実現できたことを認めることは、生徒の自信につながります。1つ克服できたら、本人と確認したうえで次の目標を立てることも大切です。生徒自身の悩みに寄り添い、持続的に取り組んでいく必要があります。

●1つのことに集中し過ぎてしまう生徒

関心のあることに対する集中力は、だれにも負けないものをもっています。一方で目の前のことに集中し過ぎて、その他の活動に遅れてしまうことがあったので、「時間のめど」を意識することで、改善を図っています。

まずは集中した取組を認めることで、本人の喜びや自信につなげます。そのうえで、切り替えることの必要性を理解させ、「時間のめど」などの方途を示すことで、改善に取り組ませるとよいでしょう。

●衝動的な行動が多い生徒

3年生のはじめのころは、些細なことで大声を上げたり、廊下を走り回ったりすることがありましたが、ソーシャルスキル・トレーニングを通して、自分の行動を自分でコントロールできるようになってきました。すばらしい成長です。

どのような指導を通して成長が見られたのかを具体的に示すと、その変容が一時的なものでないことが保護者にもわかり、安心につながります。

●掃除の取り組み方が雑な生徒

ほうきを使う際は、ほこりを立てず、すき間を開けることなく隅々まで掃くことができました。また、ゴミが残っていたら、その場所に戻って集め直すなど、日々の清掃活動がより丁寧なものになってきました。

まずは道具の使い方をしっかりと指導することが大切です。そのうえで、本人が意欲的に取り組んでいる場面を見つけたらしっかりと認め、そのよさを具体的に価値づけましょう。

●当番活動の取り組み方が雑な生徒

日直の活動では、4月当初と比べるとかなり丁寧さが増しました。例えば次の日の日課を昼休みに書いたり、各教科の持ち物を一覧にしたりするなど、学級の仲間が困らないようにする配慮や工夫が随所に見られました。

生徒によっては、当番活動を丁寧に行うことも難しい場合があります。地道な活動が仲間の役に立っていることや、責任を果たしていることを自覚させると、本人の自信へとつながります。

●忘れ物が多い生徒

4月のころは、宿題や持ち物を忘れることが目立ちましたが、メモをすぐに取るようになってから、忘れ物がずいぶん減ってきました。特に進路について意識し始めてからは、こういった日常を大切にしようとする姿が見られるようになりました。

メモを取るなど生徒自身で工夫していることをまずは認めましょう。3年生なので、進路など自分の将来とのかかわりの中で忘れ物について考える姿が見られたら、そういった変容もしっかり評価したいところです。

●話を聞くことが苦手な生徒

学級会で自分や仲間のよさを伝え合う時間に、相手の話をしっかり聞いたり、メモを取って質問したりすることができました。その中で、相手が話し終わるのを確認し、ひと呼吸置いてから話し始める姿も見られました。

自分が話したい生徒にとって、最後まで話を聞くのは教師が思っている以上に難しいことです。具体的なよさや工夫をしっかり見取って伝え、自信につなげましょう。

●助言や意見を受け入れることが苦手な生徒

先生や仲間からの助言を素直に受け取り、自分の考えと反対の意見に対しても、穏やかに気持ちを伝えることができるようになりました。また、話し合いの場面では建設的な意見を伝えられるように、メモを取って考えをまとめる姿もありました。

自分とは異なる立場の意見や助言を素直に受け入れることが難しい生徒がいます。そういった生徒は、話し合いなどの中で自然に助言や意見を受け入れられた場面を見逃さずに取り上げて認めることで、改善につなげていきましょう。

●途中であきらめてしまうことが多い生徒

「何事も最後まであきらめない自分になりたい」という目標をもち、毎朝教室と廊下の窓開けを欠かさず行うと決めて、遂行することができました。さらに、換気することのよさを仲間に示し、健康について呼びかけることができました。

窓開けのような自主活動でも、目標を立て継続して取り組ませることが、大きな成長につながります。日々の見届けでやり遂げさせ、所見に書くことで大きな自信につなげましょう。

●お金の管理ができない生徒

今までは、ほしいものがあるとすぐに買ってしまい、後で困ることがありましたが、ご家庭での話し合いを経て、お小遣い帳をしっかり記録し、計画的なお金の使い方を意識することができるようになりました。

衝動買いが多く、後で困ってしまう生徒は少なくありません。購入したい気持ちをコントロールするためにも記録をしっかり残し、お金の動きを可視化することが大切です。家庭での話し合いが不可欠なので、保護者と連携して取り組みましょう。

●気分転換が苦手な生徒

休み時間には仲間と運動場に出て元気に体を動かしています。時には読書をしたり、図書館の新聞を読んだりと、自分一人でも気分を落ち着かせ、次の活動に臨むことができています。

気分転換の方法は生徒によって様々なので、特定の方法のみを価値づけるのではなく、様々な方法を使い分けていることを評価するとよいでしょう。

●自分中心に物事を進めがちな生徒

　バレーボール大会の競技委員として、コートや記録板の準備、怪我した際の応急処置対応など、様々な場面で活躍しました。すべてを自分１人でやるのではなく、仲間と相談しながら仕事を分担することができたのは立派です。

　何でも自分がやってしまおうとする生徒には、仲間とともに１つのことを成し遂げた充実感を体得させることが必要です。共同したらうまくいったという体験を１つずつ積ませることで、より寛容な態度が身につきます。

●準備が苦手な生徒

　授業と授業の間の短い休みの時間には、まず次の授業の準備を行い、残った時間で友だちとのおしゃべりを楽しむようにしました。その結果、次の授業に準備が間に合わないこともなくなり、落ち着いて学習に取り組むことができています。

　授業準備が間に合わない生徒には、休み時間の使い方を指導し、できるようになったときに認めることで自信をもたせます。仲間との会話でリラックスすることも大事なので、順番の問題であることを理解させましょう。

●気持ちが落ち着かなくなることの多い生徒

　１日を振り返る日記に、気持ちが落ち着かなくなった理由を記録し、それを取り除いて気持ちを和らげることができるようになりたいと綴っていました。その前向きな気持ちはすばらしいものです。応援しています。

　気持ちが落ち着かなくなりがちな生徒は、まずは書いたり、話したりすることで、落ち着かない理由を自分自身で認知させることが重要です。そのうえで、必要に応じてより具体的な対処方法を相談するとよいでしょう。

●継続的に取り組むことが苦手な生徒

　「何事も継続できる自分」を目指し、放課後に机やいすの整頓を毎日続けました。途中からは仲間にも整頓するように呼びかけることができるようになりました。教室が整頓されていることのよさを、帰りの会などで伝える姿が印象的でした。

　なりたい自分に向かって地道な取組を始めた姿を見逃さずに取り上げ、励まし続けていくことが大切です。

●衝動的な言動が目立つ生徒

4月のころは、衝動的な言動から仲間に誤解されることも多かったのですが、感情が高ぶったときにひと呼吸置いてから話し始めることを心がけるようになり、トラブルがなくなりました。相手の願いや思いを認める心が育ってきている証拠です。

衝動的な言動は急に改善するものではないので、時間をかけて、感情をコントロールする具体的な手立てを示していく必要があります。その中で、変容を捉え認めることで、成長を促していくことが大切です。

●仲間への接し方が厳し過ぎる生徒

表情よく、また柔らかい口調で仲間と接することを意識して生活することができました。班活動においても、仲間とともに声をかけ合いながら、嫌な顔をせず活動に取り組んでいました。そうした姿勢に、仲間からの信頼も厚くなっています。

仲間に優しく接したくても、つい厳しく接してしまう生徒がいます。また、本人が厳しい接し方になっていることに気づいていないこともあります。共同して取り組む班活動で仲間と声をかけ合う場面をつくり、変容に気づかせるとよいでしょう。

●感情を他者にぶつけてしまう生徒

感情が高ぶったときも、行動を自制して落ち着きを保つことができるようになったことが3年間で一番の成長です。自然と表情も柔らかくなり、仲間との会話もスムーズになってきました。

感情のコントロールは一朝一夕にできるようになるものではないので、長い時間をかけて変容を見取る構えが大切です。表情の変化など、もしかすると本人は気づいていないかもしれない変容に気づかせることも、所見の1つの役割と考えましょう。

●言葉づかいが荒い生徒

時と場に応じた言葉づかいができるようになり、職員室でも「…です」「…でしょうか」といった丁寧な言葉を意識して話せるようになりました。学級でも、相手を意識した口調で接するようになったことで、気持ちよく生活することができました。

だれに対する言葉なのか、相手意識を育てることが大切です。気持ちのいい言葉とそうでない言葉を比べさせてみるのも1つの方法です。

●仲間の話を遮ってしまう生徒

　グループ活動のときには、友だちの話を最後までしっかり聞いて作業を進めることができました。また、自分がまとめ役になったときは、一人ひとりの意見を丁寧に聞いてまとめるなど、すばらしい成長が見られました。

　自分が話したい生徒にとって、仲間の話を最後までしっかり聞くのは容易なことではありません。時には、意見のまとめ役を任せ、その働きぶりを大いに認め、自信へとつなげることも有効です。

●仲間と歩調を合わせることが苦手な生徒

　合唱祭では、パートリーダーを務め、他のリーダーとともに成果や課題を明確にして、次に進もうとする姿が見られました。パートの中で問題が起きたときにも、その思いを聞き出し、仲間に広げることで歩調を合わせようとする姿が印象的でした。

　団体での活動の中で、リーダー的な役割を与え、自らの思いを伝える場面や仲間の意見を取り入れる場面を意図的に設定することで、仲間と歩調を合わせることの必要性が伝わります。その経験が本人の自信にもつながります。

●人前で話すことが苦手な生徒

　高校入試の面接練習では、質問に対して簡潔に語尾まではっきりと答えることができました。さらに、強調したい場面ではゆっくりとした口調や身ぶり手ぶりをつけて伝える姿があり、自信の高まりが感じられました。

　多数の聞き手に向かって長い時間話すことは、人前で話すことが苦手な生徒にとってかなり高いハードルです。まずは一対一の関係で、短文をはっきりと伝える場面を設定し、繰り返し練習することが大切です。

●自分の意見を伝えることが苦手な生徒

　班活動の最中、違う話をしている仲間に対して、「今はその時間じゃないよ、集中しよう」と伝える姿が見られました。摩擦を恐れずはっきりと自分の意見を伝えることができた姿は大変立派でした。

　仲間に対して思い切って自分の意見を伝えた姿を見逃さず捉え、所見に示すことで、ひと皮むけた自分に気づかせます。

生活

学習

特別活動

特別なニーズ

●仲間と活動することが苦手な生徒

　合唱練習の時間に、友だちからの声かけに応えて一緒に練習を行うことができました。また、自分が気がついたことも勇気を出して仲間に伝えるなど、合唱をみんなでつくり上げていこうとするその姿に感心しました。

　仲間とともに活動することが苦手な生徒の場合、自分から輪に加わる場面を見いだすのは大変ですが、まずは仲間の声かけに応える姿を見取り、その中で本人が勇気を出して挑戦していることを認めるとよいでしょう。

●仲間の意見を聞き入れることが苦手な生徒

　今学期は、一方的に自分の考えを主張するのではなく、まずは友だちの意見をしっかり最後まで聞くことを目標に取り組みました。班活動の場面でも、相手の意見を尊重し、建設的な意見を伝えることができました。

　まずは、仲間の意見を聞き入れることが苦手という問題に対してどのように取り組んでいるのかを示します。そのうえで、変容が見られた具体的な場面を取り上げると、保護者も安心します。

●落ち着いて対話することが苦手な生徒

　友だちの意見が自分とは違っても、感情的にならず落ち着いて最後まで話を聞けるようになりました。自分の主張を押し通すより、みんなが納得できるように話を進める方が、より充実感を味わえることに気づけたからですね。2学期も期待しています。

　落ち着いて対話ができるようになってきたことを認めるとともに、そうすることでどのようなよいことがあるのかを改めて所見で示すことで、次学期以降の取組の意欲づけをします。

●仲間のミスを責めてしまう生徒

　野球部の試合で、エラーをした友だちに対して、「ドンマイ」と声をかけていた場面が印象的でした。その後も、何度も励ましの声をかけ続け、チームに温かい雰囲気をつくり出そうとする姿に感心しました。

　失敗した仲間を心から励ますのはなかなか難しいものです。励ましができるようになること自体が成長なので、所見にはきちんと価値づけて書くことが大切です。

●人間関係の摩擦に弱い生徒

　班長としてユーモアを交えながら班員をまとめることができました。そんな中でも、忘れ物をしたり、活動を行わなかった班員に対しては、できるようになるための助言をしたり、ともに改善しようとしたりする姿が見られ、大変立派でした。

　まずは、本人の性格を、摩擦に弱いと捉えるのではなく、優しい、気づかいができるとポジティブに捉え直すことが大切です。そのうえで本人が工夫してアプローチしている姿を認め、励ますことが重要です。

●意見の押しつけが目立つ生徒

　友だちとの接し方が柔らかくなり、自分の想いを自分の言葉で伝えるときも、押しつけるような言葉が聞かれなくなりました。また、思い通りにならなくても、相手の考えを受け入れて話し合おうとする姿に、大きな成長を感じました。

　相手に理解してほしいという気持ちが先立ち、結果として押しつけるような言い方になってしまう生徒がいます。そういった生徒には、理解してほしいからこそ、柔らかな伝え方を心がけ、相手の意見も尊重することが大切であることを伝えましょう。

●仲間と協働することが苦手な生徒

　いつも自分のペースで活動をするのではなく、友だちの状況も見ながら、協力して活動できるようになりました。特に修学旅行の班行動では、みんなが楽しめているかを気にかけながら、協力して散策することができました。大きな成長です。

　仲間のペースに自分を合わせることは、大人でも難しい場合があります。対人関係に苦手意識がある生徒がそれを行うことができたというのは、すばらしい成長です。その成長ぶりを伝えることは、保護者の安心にもつながります。

●仲間とのトラブルが多い生徒

　ちょっとしたトラブルが起きても感情を乱すことなく対処できる心のゆとりができてきました。また、友だちを気づかう言葉が自然に出てくるようになり、穏やかな表情で学校生活を送ることができています。すばらしい心の成長です。

　仲間とのトラブルが急に皆無になることはありませんが、対処の仕方でよい点を見いだしたり、他の場面でのよさを見取ったりして、成長につなげることが大事です。

不登校傾向の生徒

●始業式に教室に入ることができた生徒

　始業式には教室に入り、新しい仲間の中で最高学年としての生活を始めました。授業に対する集中力に、今年１年を本当に大切にしたいという思いが表れており、とてもうれしく思っています。学力も向上してきています。焦らなくても大丈夫です。

　学期のはじめは、不登校傾向の生徒にとっても新しいチャレンジのスタートです。したがって、こういった節目にがんばれた生徒は、その努力を最大限に評価し、マイペースでがんばれるように励ますのがよいでしょう。

●部活動に休むことなく打ち込んだ生徒

　最後の試合の最後の瞬間まで、ひたむきにがんばる○○さんの姿に感心しました。レギュラーになれなくても必死にがんばる姿は、芯の強さを感じさせるものでした。これからの人生でもこの立ち向かう力は必ず生きてきます。

　教室に入れない生徒でも、部活動ではがんばれている場合、そこでのがんばりをクローズアップして書くとよいでしょう。特に、生涯役立つ力の礎になることを書くと、本人にとっても保護者にとってもうれしい所見になります。

●苦手教科の克服にがんばった生徒

　苦手な英語の克服に向けて、相談室では単語練習に徹底的に取り組みました。さらに、教科担任のところにまで質問に行くこともできました。進路を意識してがんばっている証拠です。自分で求めて学ぶときこそ成長します。期待しています。

　３年生になるとだれもが進路を意識しますが、不登校傾向の生徒にとって、進路選択は大きな不安要素なので、学習面でのがんばりを認めることは、安心と意欲づけにつながります。事実をきちんと見たうえで、前向きに評価することが大切です。

●料理が好きな生徒

　料理が大好きで、家庭科の調理では、見事な包丁さばきでまわりのみんなをあっと言わせました。調理師になるという夢をもつことで、学習にも集中できるようになりました。この調子でがんばりましょう。

　生徒が興味をもっていることを把握し、それを認めることにより、生徒と話すきっかけが生じます。それが他のことにもよい影響をもたらすこともあります。

●委員会活動に意欲的だった生徒

　保健委員として、手洗い・うがいのチェックに取り組みましたが、記録表がもれもなく、きちんと書かれていて感心しました。責任感とがんばり抜く力がある証拠です。まわりへの呼びかけに挑戦するなど、一層の活躍を期待しています。

　委員会の日常の活動は目立たず地味なものが多く、それを一生懸命がんばれることは大きな長所です。よって、集団への貢献度の大きさを積極的に知らせ、人間関係をつくるきっかけとなる所見にすることが大切です。

●自分の特技と進路をつなげようとしている生徒

　パソコンが好きで、仕組みなどをよく理解しています。進路も、電子関係を考えていて、数学や理科の授業に対する取り組み方も変わってきました。第一志望の工業高校の電子科に合格できるよう、さらなるがんばりに期待しています。

　所見を書く際には、本人が一番がんばっていることを書くことが大切ですが、特に進路につながるようながんばりは、事実を含めて積極的に書くようにすると、本人の励みになります。

●高校のオープンスクールに参加した生徒

　夏休みの高校見学に参加できました。調べたことを丁寧にまとめ、今後の進路選択に役立てようとする姿が見られます。入試科目には面接もあるので、志望動機や進学先で努力したいことなどをまとめておくと、面接で役に立ちます。

　高校進学については、生徒と保護者の希望を随時確認しながら進めますが、学校見学などに参加し、生徒自身に情報を集める意識をもたせることも大切です。担任は、その取組も評価し、後押しすることが大切です。

●相談室の後輩に優しく教えられる生徒

　相談室では、1年生に優しく教えたり、学校生活について相談に乗ったりする姿を何度も見かけました。悩んでいる人に寄り添える優しさがあります。内気なように見えても、芯の強いしっかりした考えをもっていることに感心しています。

　相談室での下級生への応対などは、教室とはまた違う姿なので、よさが輝くような場面をしっかり見取り、認めていくと、本人の自信につながります。

●日本語が十分に理解できず不安な中でがんばった生徒

3年生になってからの来日で、不安も多かったものと思います。しかし、毎日笑顔で登校し、がんばりました。相談員の先生たちにも、いろいろな悩みを語り、少しずつ不安も解消されてきたようです。友だちが増えたこともうれしく思います。

3年生になってからの転入は、いろいろな面で不安が大きいものです。よって、まず、毎日登校できたこと自体を価値づけることが大切です。相談員の先生はその意味でも大切な存在となります。

●日本語初期教室に入級した生徒

日本語初期教室で一生懸命がんばり、日常会話だけでなく、漢字交じりの文も次第に読み書きができるようになりました。進路に対する不安もあると思いますが、機械関係の仕事に就くという夢に向かってがんばる姿を応援しています。

中学校卒業後の進路は、本人にとっても保護者にとっても不安です。したがって、日本の慣れない学校で努力してきたことを認め、励ます内容にすることが大切です。漢字の読み書きや生活習慣など、具体的な内容を示して書く方が伝わります。

●友だちを増やそうと努力している生徒

毎日学級の仲間と楽しく生活しています。休み時間にも、フィリピンの日々の生活や学校の様子を友だちに紹介するなど、日本語と英語の混じった会話で盛り上がっています。自分から働きかけようとする姿に感心しています。

学校に通うこと自体にも生徒や保護者には不安が伴うものなので、生徒が学校生活を楽しむことができている様子を保護者にしっかり伝えます。とりわけ、友だちとどんなかかわりをしているのかについて具体的な記述をすると、保護者も安心します。

●体育祭に意欲的に参加した生徒

体育祭優勝に向けて、学級のみんなと一生懸命取り組む姿に感心しました。特に大縄跳びでは、大きなかけ声を出し、額に汗して練習する姿に、日本での生活に溶け込もうとする意欲を強く感じ、うれしく思いました。

学校行事は活躍を見取りやすい場面です。当日は保護者もその姿を見るので、具体的な本人の様子を記載するとよりよく伝わります。

●進んで国際理解に努めた生徒

「母国の様子を学校のみんなに紹介したい」と提案して、国際教室の仲間と壁新聞づくりに取り組みました。日本とは違う文化や習慣の違いを紹介する記事はとても興味深く、校内で話題になりました。

外国人生徒には、国際理解の懸け橋としての存在という一面もあります。よって、積極的に母国の情報を発信する活動も、日本での生活を充実させるきっかけになります。国際教室での活躍を所見に書くことが大切です。

●進路の実現に向けてひたむきに取り組む生徒

高校進学については随分悩みましたが、機械関係の仕事がしたいと決めてからは、学習にも集中するようになりました。特に、理科や数学は地道な努力がテストの結果にも表れています。この調子でがんばってください。

外国人生徒にとって、日本における進路選択は極めて重要であるとともに、不安要素でもあります。進路の実現に向けてどんなことにがんばっているのかを具体的に書くことで、保護者の安心にもつながります。

●母国の文化を積極的に発信している生徒

文化祭では、母国ブラジルのサンバを舞台で披露したり、伝統的な料理を紹介する新聞をつくったりするなど、学校における異文化理解や多文化共生のリーダー的な存在として活躍しています。

外国人生徒にとって、母国の文化や習慣について積極的に発信する活動は、自分のアイデンティティを示すことでもあります。したがって、母国の情報発信を価値づけることは、本人にとっても保護者にとってもうれしい所見となります。

●転入生に親切にできる生徒

同じ国から来た転入生に、日本の学校生活の約束について教えたり、休み時間に校内を紹介したりする姿がありました。自分が困った経験を踏まえて、優しく接することができる姿に感心しました。

自分の経験を生かして、仲間の役に立とうとする姿を所見で伝えることは、本人はもとより、保護者にとっても大きな喜びになります。

付録
ネガポジ言い換え一覧

　ここからは、「生活編」「学習編」の２ジャンルに分けて、50音順にネガティブ表現をポジティブ表現に言い換えた例を紹介します。

　ある側面からは欠点や苦手さと見えていたことも、別の側面から見直してみると、実はその子の長所と捉えられる、ということは少なくありません。具体的な用例も豊富に示してあるので、通知表の所見に限らず、日常の言葉かけなどにもぜひ活用してください。

生活編

	ネガティブな状況	ポジティブ表現
あ	相容れない	**自分の考えをしっかりもっている** ◆用例 　友だちと意見が相容れないことが多い →しっかりした考えをもち、安易に流されない芯の強さがある
	飽きっぽい	**様々なことに関心がある** ◆用例 　飽きっぽい性格で、1つのことが長続きしない →様々なことに関心をもち、自分から取り組もうとする
	揚げ足を取る	**反応が早い** ◆用例 　友だちの発言の揚げ足を取る →機転が利き、友だちの発言に対する反応が早い
	焦る	**熱意をもって真摯に取り組む** ◆用例 　完璧にやろうという気持ちが強く、焦りやすい →何事にも熱意をもって真摯に取り組んでいる
	遊びがない	**むだがない** ◆用例 　心の余裕がなく、遊びがない →何事もむだなく計画的に取り組むことができる
い	いい加減	**時に応じた対応をとる** ◆用例 　自分で決めたことをいい加減にしてしまう →状況を判断し、時に応じた対応をとることができる
	意見が言えない	**他の人の意見をじっくり聞いている** ◆用例 　話し合いでなかなか意見が言えない →話し合いでは他の人の意見をじっくり聞いている

	意気地なし	何事も慎重に見極める ◆用例 　意気地がなく、行動が消極的 →何事も慎重に見極めて行動している
	意地っ張り	意志が強い ◆用例 　意地っ張りで、妥協ができない →意志が強く自分を貫き通せる
	一匹狼	自立心がある ◆用例 　一匹狼的で、友だちと交わろうとしない →自立心があり、自分の考えで行動できる
	威張っている	自分に自信をもっている ◆用例 　いつも威張っている感じがする →何事にも自信をもって取り組んでいる
う	内気	他者との争いを好まず控えめ ◆用例 　内気で自分の考えを主張することがない →争いを好まず控えめな生活態度である
	うるさい	前向きな姿勢 ◆用例 　同じことを何度も繰り返すなど、うるさく感じられるときがある →大切なことを繰り返し確認しようとするなど、前向きな姿勢の持ち主である
お	大ざっぱ	細部にこだわらず、おおらか ◆用例 　細部まで注意が行き届かず、大ざっぱ →細部にこだわらず、物事をおおらかに捉えることができる

	幼い	素直 ◆用例 　まわりの状況を踏まえない幼さを感じる →何事も素直に捉えることができる
	落ち込みやすい	自省できる ◆用例 　些細な失敗にも落ち込みやすい →些細な失敗にも真摯に向き合い、自省できる
	お調子者	場の雰囲気を明るくする ◆用例 　他人の意見に流されるお調子者の傾向がある →ユーモアがあり、場の雰囲気を明るくできる
か	変わっている	個性的 ◆用例 　突飛な意見が多く、変わっている →独自の視点から個性的な意見を発する
	考えが浅い	すぐに行動に移すことができる ◆用例 　考えが浅く、拙速である →何事もすぐに行動に移すことができる
	感情の起伏が激しい	真っ直ぐ ◆用例 　感情の起伏が激しく、友だちから距離を置かれている →だれに対しても自分の思いを真っ直ぐ伝えようとする
	がさつ	大様（おおよう） ◆用例 　がさつで誤解を招くことがある →細かなことにこだわらず、大様に構えている
	頑固	意志が強い ◆用例 　頑固で考えを曲げない

		→自分の意志を強くもっている
き	気が小さい	**慎重** ◆用例 　気が小さく、行動が消極的 →何事もよく考え慎重に行動する
	気が短い	**取りかかりが早い** ◆用例 　気が短く、待つことができない →何事も取りかかりが早い
	気が弱い	**思いやりがある** ◆用例 　気が弱く、自分の考えを出そうとしない →思いやりがあり、他者の意見を大切にする
	傷つきやすい	**繊細な感受性** ◆用例 　他者のちょっとした言動にも傷つきやすい →優しく繊細な感受性の持ち主である
	緊張感がない	**自然体** ◆用例 　緊張感をもつべきときがある →いつでも自然体で取り組める
く	空気が読めない	**まわりに流されない** ◆用例 　空気が読めず、話し合いを止めることがある →まわりに流されずに自分の考えを述べる
	暗い	**落ち着いている** ◆用例 　いつも暗い印象がある →いつも冷静で落ち着いている
け	計画性がない	**行動力がある** ◆用例

		計画性がなく、準備不足のことが多い →思いついたことにどんどん挑戦する行動力がある
	けんかっ早い	情熱的 ◆用例 　けんかっ早く、相手に誤解されることがある →いつでも自分の思いを情熱的に伝える
こ	行動が遅い	先のことまでしっかり考えている ◆用例 　すぐに取りかかることができず、行動が遅い →先のことまでしっかり考えてから取り組む
	細かい	繊細 ◆用例 　細かい性格で、物事にこだわり過ぎる →繊細で、何事にも細部まで神経を使って取り組む
す	ずるい	頭の回転が速い ◆用例 　楽をしたい気持ちが強く、ずるいと思われがち →頭の回転が速く、何事も効率的に進めようとする
せ	せっかち	むだな時間をつくらない ◆用例 　せっかちで行動を急ぎ過ぎる →むだな時間をつくらないように迅速に行動する
た	だらしない	おおらか ◆用例 　だらしなく、大ざっぱである →些事にこだわらず、おおらかである
	短気	判断が早い ◆用例 　短気で物事をすぐに投げ出す →何事も判断が早い
な	内向的	協調性がある

		◆用例 友だちに対して自分を出そうとしない →協調性があり、友だちの気持ちを優先できる
	流されやすい	調和的 ◆用例 他者の意見に流されやすい →調和的で、他者の意見を尊重できる
は	反抗的	主張ができる ◆用例 表現がきつく、反抗的と感じられる →自分の考えをしっかりと主張できる
へ	屁理屈を言う	頭の回転が速い ◆用例 他者の言葉を素直に受け取らず、屁理屈を言う →頭の回転が速く、人とは別の視点から主張できる
ま	マイナス思考	慎重に考える ◆用例 何かとマイナス思考で考えがちである →どんなときも様々な状況を想定して慎重に考えている
	マイペース	自分をしっかりもっている ◆用例 まわりの状況に構わず、マイペースである →自分をしっかりもち、まわりに流されず行動できる
め	めんどくさがり	よく考え、効率的 ◆用例 めんどくさがりで、なかなか動かない →何事もよく考え、効率的に取り組んでいる
ゆ	優柔不断	幅広く考える ◆用例 優柔不断でなかなか行動できない →様々な状況を想定し、幅広く考えて行動に移す

	ネガティブな状況	ポジティブな表現
あ	安直	効率的 ◆用例 　安直な方法に走り過ぎる →効率的な方法を選択することができる
い	いい加減	大づかみできる ◆用例 　細かな内容に注意が届かず、いい加減 →内容を大づかみして、全体を捉えようとしている
お	応用力がない	基礎・基本が身についている ◆用例 　応用力がなく、難しい問題に苦手意識がある →基礎・基本が身についており、着実に問題に取り組んでいる
	思い込みが激しい	自分の考えに自信をもっている ◆用例 　思い込みが激しく、ミスが多い →自分の考えに自信をもって学習に臨んでいる
か	考えを述べない	よく聞き、よく考える ◆用例 　ワークシートに書いている考えを述べない →友だちの意見をよく聞き、よく考えている
	勘違いが多い	発想が豊か ◆用例 　最後まで話を聞かず、勘違いすることが多い →発想が豊かで、1つの事柄から様々なことを想起できる
き	聞こうとしない	自信をもっている ◆用例 　理解したと思い込み、話を聞こうとしない →自分の考えに自信をもっている

け	計算が遅い	丁寧に取り組んでいる ◆用例 　計算問題を解くスピードが遅い →計算は段階ごとに確認しながら取り組んでいる
こ	誤字が多い	漢字で書こうとしている ◆用例 　漢字の誤字が多い →学習した漢字を積極的に活用しようとしている
し	私語が多い	友だちに確認できる ◆用例 　授業中の私語が多い →気になることは友だちに確認できる
	知ったかぶり	知識が豊か ◆用例 　知ったかぶりをすることが多い →知識が豊かで、友だちにも広げようとしている
	集中力が途切れる	好奇心旺盛 ◆用例 　集中力が途切れることが多い →好奇心旺盛で何事も進んで考えようとする
	真剣さに欠ける	おおらか ◆用例 　真剣に取り組もうとしない →何事もおおらかに、ゆったりと取り組んでいる
	調べようとしない	経験を大切にする ◆用例 　資料やネットを使って深く調べようとしない →自分の経験を大切にしながら考える
す	すぐに答えを言う	意欲的 ◆用例 　問いに対して、挙手せずすぐに答えを言ってしまう

		→発問に素早く反応し、意欲的に発言する
せ	せっかち	積極的 ◆用例 　せっかちで、深く考えずに取り組んで失敗する →どんな学習にも積極的で、すぐに取組に移ることができる
ち	知識をひけらかす	知識を生かそうとする ◆用例 　話し合いで自分の知識をひけらかすことが多い →話し合いで自分の知識を生かそうとしている
て	適当	流れに合わせられる ◆用例 　話し合いでまわりの意見に適当に合わせがちである →話し合いでは流れに合わせて意見を述べている
	テストの点数が悪い	今後の成長が期待できる ◆用例 　努力がテストの点数として表れない →努力の積み重ねで今後の成長が期待できる
に	苦手意識がある	弱点を意識している ◆用例 　特定の教科に苦手意識がある →自分の弱点となる教科を意識して学習に取り組んでいる
の	ノートの文字が雑	考えることを重視している ◆用例 　ノートの文字が雑である →ノートに書く作業より考えることを重視している
	ノートをとらない	頭の回転が速く、集中力がある ◆用例 　板書を写したり考えをノートに書いたりしない →頭の回転が速く、考え出すとノートをとる必要がない

		ほど集中力を発揮する
は	発表しない	友だちの意見をよく聞いている ◆用例 　答えがわかっていても発表しない →友だちの意見をよく聞いて、自分の考えをしっかり深めている
	話が長い	様々なことに思い巡らせている ◆用例 　説明がダラダラとしてしまい、話が長くなる →1つのことに対して様々なことを思い巡らせて話ができる
	発言が少ない	熟慮している ◆用例 　自信がないためか、話し合いでの発言が少ない →話し合いに真摯に取り組み、熟慮したうえで発言しようとする
ひ	人の意見を 聞き入れない	意志が強い ◆用例 　話し合いではなかなか人の意見を聞き入れない →話し合いでは自分の意志を強くもって発言している
	人の話を 聞いていない	集中して考えている ◆用例 　人の話を聞いていないので、話し合いの流れに沿わない発言がある →話し合いでは、まわりの声が耳に入らなくなるくらい集中して考えている
ま	間違いが多い	即断即決できる ◆用例 　落ち着いて考えれば起こらない間違いが多い →即断即決でき、何事もスピーディーに取り組む

【執筆者一覧】

第1部　玉置　　崇 （岐阜聖徳学園大学教授）

第2部
第1章　水川　和彦 （岐阜聖徳学園大学教授）

基本的な生活習慣／健康・体力の向上／自主・自律／責任感／創意工夫

**　　　　湯浅　良将** （愛知県一宮市立浅井中学校）

思いやり・協力

**　　　　田丸　陸子** （福岡県北九州市立浅川中学校教頭）

生命尊重・自然愛護

**　　　　堀　　将礼** （愛知県一宮市立浅井中学校）

勤労・奉仕

**　　　　藤永　啓吾** （山口大学教育学部附属光中学校）

公平・公正

**　　　　林　　雄一** （愛知県一宮市立浅井中学校）

公共心・公徳心

第2章　中畑　訓子 （岐阜県白川村立白川郷学園）国語

**　　　　高木　良太** （岐阜県白川村立白川郷学園）社会

**　　　　岩田　光功** （愛知県一宮市立西成中学校）数学

**　　　　鈴木　大介** （岐阜県白川村立白川郷学園）理科

**　　　　種田　伸和** （岐阜市立厚見小学校教頭）音楽

**　　　　清水　也人** （岐阜県教育委員会教育研修課課長補佐）美術

**　　　　弓矢　敬一** （愛知県一宮市立西成東部中学校）保健体育

**　　　　岩田　卓也** （愛知県一宮市立浅井中学校）技術・家庭

伊藤　早実（愛知県一宮市立浅井中学校）外国語
山田　貞二（愛知県一宮市立浅井中学校長）特別の教科　道徳
　　　　　　　　　　　　　　　　　　　　　総合的な学習の時間

第3章　山田　貞二（愛知県一宮市立浅井中学校長）

第4章　大坪　辰也（岐阜県高山市教育委員会学校教育課課長補佐）

付　録　玉置　崇（岐阜聖徳学園大学教授）

※所属は執筆当時

【編著者紹介】

玉置　崇（たまおき　たかし）

1956年愛知県生まれ。公立小中学校教諭、国立大学附属中学校教官、中学校教頭、校長、県教育委員会主査、教育事務所長などを経て、平成24年度から3年間、愛知県小牧市立小牧中学校長。平成27年度より岐阜聖徳学園大学教授。

文部科学省「学校教育の情報化に関する懇談会」委員、「新時代の学びにおける先端技術導入実証事業」推進委員、中央教育審議会専門委員を歴任。

著書に『先生のための「話し方」の技術』『働き方改革時代の校長・副校長のためのスクールマネジメント・ブック』『仕事に押し潰されず、スマートに学校を動かす！　スクールリーダーのための「超」時間術』『実務が必ずうまくいく　中学校長の仕事術　55の心得』『主任から校長まで　学校を元気にするチームリーダーの仕事術』（以上明治図書）、『落語家直伝　うまい！　授業のつくりかた』（誠文堂新光社、監修）、『先生と先生を目指す人の最強バイブル　まるごと教師論』（EDUCOM）など、多数。

生徒が輝く！
通知表の書き方&所見文例集　中学校3年

2021年6月初版第1刷刊　©編著者　玉　　　置　　　崇
　　　　　　　　　発行者　藤　原　光　政
　　　　　　　　　発行所　明治図書出版株式会社
　　　　　　　　　　　　　http://www.meijitosho.co.jp
　　　　　　　　　　　（企画）矢口郁雄（校正）宮森由紀子
　　　　　　　　〒114-0023　東京都北区滝野川7-46-1
　　　　　　　　振替00160-5-151318　電話03(5907)6701
　　　　　　　　　　　　ご注文窓口　電話03(5907)6668

＊検印省略　　　　　　　組版所　株　式　会　社　カ　シ　ヨ

本書の無断コピーは，著作権・出版権にふれます。ご注意ください。

Printed in Japan　　　　　　　ISBN978-4-18-382312-0
もれなくクーポンがもらえる！読者アンケートはこちらから